AF590665

ROME

OUVRAGES DU MÊME AUTEUR

CORRESPONDANCE, BULLETINS ET ORDRES DU JOUR DE NAPOLÉON.

I. —	De Brienne au 13 vendémiaire . . .	3 fr. 50
II. —	Bonaparte et le Directoire.	3 fr. 50
III. —	Campagne d'Italie.	3 fr. 50
IV. —	Expédition d'Égypte.	3 fr. 50
V. —	Bonaparte et le Coup d'État	3 fr. 50

L'ANTIQUITÉ AMOUREUSE :

I. —	L'Orient	3 fr. 50
II. —	Rome	3 fr. 50

NOUVEAU DICTIONNAIRE CLASSIQUE ET GRAMMATICAL DE LA LANGUE FRANÇAISE. . . . 1 fr. 50

En préparation :

Les Impératrices romaines, I, II et III.

L'ANTIQUITÉ AMOUREUSE

II

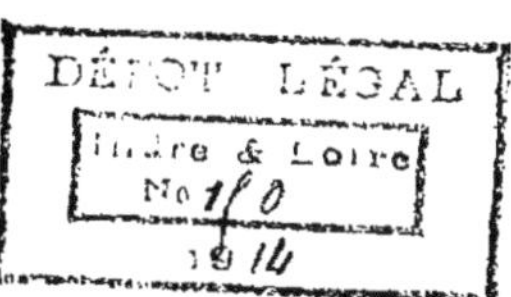

ROME

PAR

ALEXANDRE KELLER

NOMBREUSES COMPOSITIONS HORS TEXTE DE
NU PHOTOGRAPHIQUE

PARIS
LIBRAIRIE D'ART TECHNIQUE
6, RUE GÎT-LE-CŒUR, 6

PRÉFACE

De toutes les passions, l'amour, à coup sûr, est la plus universelle et la plus impérieuse. Les Anciens, qui étaient moins dupes que nous de la civilisation, et qui se laissaient aller à leurs penchants avec la sincérité de la jeunesse, n'enveloppèrent jamais l'amour d'un voile hypocrite, plus provocant peut-être que l'amour lui-même.

Malgré les progrès de ce qu'ils appelèrent déjà la civilisation, ils gardèrent, jusque dans leur décadence, une fraîcheur de sentiment dont seul devait se rapprocher, plus tard, notre seizième siècle.

Les Anciens s'aimèrent pour ainsi dire publiquement; car, suivant la règle, ils considéraient l'amour comme une passion, non seulement sociale, mais encore, mais surtout, esthétique.

Dans l'antiquité, les fêtes de Vénus n'étaient pas qu'une passionnée illustration des plaisirs des sens, elles avaient aussi leur logique et leur grandeur morale !

Considérant l'amour comme la douce condition de la propagation de l'espèce, ils ne le cachaient pas d'une façon jalouse, ni ne songeaient à faire un crime honteux d'une jouissance qu'aucune autre ne saurait égaler. Rien de bas ou de lâche dans leurs plaisirs amoureux; nulle pudibonderie dans leurs relations quotidiennes ! Aux plaisirs de la table s'entremêlait la volupté des baisers ; tandis que des fruits savoureux passaient d'un convive à l'autre, l'amant glissait doucement ses doigts dans l'échancrure de la robe et caressait le bout rose des seins de sa maîtresse.

Les bains et les jeux étaient publics. La femme n'avait d'autre pudeur que celle qui est naturelle à son sexe, et qui double la valeur de ses charmes secrets. Le costume, d'ailleurs, servait admirablement la beauté ! Avec des vêtements flottants, entr'ouverts d'une façon discrète jusqu'à la naissance de la poitrine, une ceinture qui soulignait la ferme rondeur des seins, des pieds à peine voilés, des bras nus jusqu'à l'épaule, tel se montrait le plus beau type de femme que l'homme ait contemplé et follement aimé.

Jusque dans l'amour libre de toute entrave, la femme était respectée. Les philosophes fréquentaient chez les beautés sans foyer conjugal, parce qu'ils trouvaient auprès d'elles, en même temps que le plaisir des sens, une conception rationnelle de la vie, qui, suivant le mot célèbre, « doit être la méditation de la vie et non celle de la mort » !

De cette fraîcheur de l'âme, de cette sincérité du baiser sortirent, depuis Homère jusqu'au dernier Romain de la décadence, tous ces chants de triomphe amoureux, toute cette mélancolie passionnelle, où se complairont, jusqu'à l'évanouissement de l'humanité, ceux qui aiment et souffrent dans leur chair et dans leur cœur !

Le présent livre, en vérité, est un livre de volupté ! Mais il est beau, parce qu'il est vrai ; et moral, parce qu'il répète avec les plus purs génies de l'antiquité, l'hymne à l'immortel amour vers lequel converge la nature entière !

A. K.

ROME

OVIDE

*L'*Art d'aimer *est, après les* Métamorphoses, *le poème le plus gracieux et le plus sensuel d'Ovide. Il est d'autant plus curieux qu'il nous fait connaître, en même temps que les lois qui régissent la passion dominante de l'humanité, le caractère et le tempérament particuliers du poète.*

Ovide a, sans conteste, une fâcheuse opinion de la femme. Trois fois marié, inconstant à l'excès, il écrit avec des souvenirs haineux et maltraite volontiers le sexe. C'est le Musset des Romains. Avec sa tendance à courir aux amours faciles, il confond, trop aisément et d'une façon intéressée, les honnêtes femmes avec celles qui trafiquent de leur beauté. Dégoûté peut-être des sentiments, mais asservi à la volupté, il mêle étrangement les conseils sages et les avis pervers.

Ce qu'il semble avoir observé avec le plus de netteté, c'est l'effet de ce stimulant douloureux qu'on appelle la jalousie. Aux hommes et aux femmes, il recommande avec insistance de secouer une passion mourante par le fer brûlant de la trahison réelle ou simulée.

L'œuvre a survécu et survivra pour sa poésie débordante et son indéniable vérité.

L'ART D'AIMER

Conseils aux hommes.

I

LE CHOIX DE LA FEMME

Tandis que la chose t'est loisible, et que tu peux évoluer libre de tous liens, choisis celle à qui tu diras : « Toi seule as su me plaire ! » Elle ne te tombera pas du ciel sur l'aile des zéphirs : ce sont tes yeux qui doivent chercher la femme qui te convient.

Toi, qui poursuis un amour de longue durée, sache d'abord les lieux que fréquentent les femmes. Je ne conseille pas, d'ailleurs, à celui qui va à cette recherche, de mettre à la voile ou de faire de lointains voyages.

S'il faut, pour te charmer, une fleur de jeunesse, des jeunes filles se présenteront à tes yeux ; si tu désires une beauté plus formée, mille de l'espèce te plairont, et tu auras l'embarras du choix. Si, au contraire, tu ne te plais qu'à un âge plus mûr et plus sage, des femmes de ce genre, crois-moi, tu en trouveras de même en grand nombre. Lorsque le soleil entre dans le signe du Lion, promène-toi lentement à l'ombre du portique de Pompée, ou bien près du monument enrichi de marbres étrangers que fit construire une tendre mère.

Mais chasse surtout au théâtre. C'est le lieu le plus propice à tes vœux. Tu y trouveras la femme qu'on aime, celle qu'on trompe, celle qu'on ne prend qu'une fois, celle qu'on veut s'attacher. Elles y viennent pour voir, surtout pour être vues. C'est le lieu où la beauté chaste court le plus de dangers.

N'oublie pas le cirque où de généreux coursiers luttent pour la victoire. L'immensité de son enceinte est favorable aux amoureux. Point n'est besoin, en cet endroit, du langage des doigts pour exprimer ses secrets, ou d'un signe de tête pour dire que tu as compris. Assieds-toi le plus près possible de ta maîtresse, sans qu'un gêneur vous sépare. Mets-toi côte à côte, contre elle, autant que faire se peut, heureux que la presse la force à se serrer contre toi, même malgré elle. Il s'agit alors de lier conversation et de profiter, pour parler, du bruit de la foule. Demande avec zèle le nom des chevaux qui entrent, et, sans retard, loue celui qu'elle loue, quel qu'il puisse être.

Et, lorsque en grande pompe s'avanceront les statues d'ivoire des dieux, applaudis des deux mains à Vénus, ta divinité. S'il arrive qu'un grain de poussière tombe sur la gorge de ta maîtresse, chasse-le du doigt ; s'il n'en tombe pas, chasse-le tout de même! Tout doit servir de prétexte à tes soins officieux. Si sa robe traîne trop à terre, relève-la d'une main jalouse pour que rien ne la salisse: déjà, pour prix de ta complaisance, ta maîtresse te permettra d'entrevoir sa jambe.

Quel que soit l'individu qui se trouve derrière vous, veille à ce qu'il ne presse pas du genou sa tendre croupe. Un rien séduit ces têtes légères. Beaucoup se sont bien trouvés d'avoir, d'une main habile, arrangé les coussins, d'avoir, d'un éventail adroit, agité l'air, d'avoir mis un tabouret sous un pied délicat.

La table des festins fournit aussi des occasions, et l'on y prend autre chose encore que du vin. Là, souvent l'Amour aux joues empourprées saisit et ramène de ses faibles mains les cornes de Bacchus. Lorsque le vin a détrempé les ailes de Cupidon, il s'arrête et, alourdi, demeure en place. Cependant ses ailes mouillées et la rosée qu'elles secouent mettent de l'amour au cœur. Le vin dispose les sens et les rend accessibles aux feux de la passion : les soucis s'envolent, dissipés par de longues libations. Alors surgissent les ris ; le pauvre saisit la corne d'abondance; les maux et les chagrins ne rident plus les fronts ; la franchise, si rare aujourd'hui, délie les langues, et c'est un dieu qui chasse les artifices. C'est là que souvent les jeunes filles captivèrent l'âme des jeunes hommes ; car Vénus dans le vin, c'est le feu dans le feu. Alors ne crois pas trop une clarté douteuse : la nuit et le vin faussent nos jugements sur la beauté !

II

LA SÉDUCTION

Sois d'abord convaincu que toute femme peut être séduite, et tu séduiras ! Tends seulement tes filets. Les oiseaux se tairont plutôt au printemps, les cigales en été; les chiens du Ménale tourneront plutôt le dos au lièvre qu'une femme ne résistera à la douce invite d'un jeune homme. Celle-là même, qu'on pourrait croire rébarbative, consentira en pensée. L'amour furtif plaît aux femmes comme aux hommes. L'homme déguise mal; la femme a des désirs plus dissimulés. Il siérait aux hommes de ne pas faire d'avances, et les femmes vaincues joueraient le rôle de suppliantes.

Qu'elles donnent ou refusent, les femmes aiment qu'on les sollicite. Fusses-tu refusé, le refus serait sans danger pour toi ! Mais pourquoi serais-tu refusé, quand tout plaisir nouveau est agréable et que le bien d'autrui séduit l'âme plus que ne fait le nôtre? La moisson du voisin nous semble toujours la plus abondante, et les mamelles de son troupeau nous paraissent les plus fortes.

Et d'abord, aie soin de lier connaissance avec la servante de la femme à séduire: elle te facilitera les accès. Sache si elle a l'entière confiance de sa maîtresse, si elle est la discrète complice de ses désirs cachés. C'est elle qu'il te faut corrompre par les prières et les promesses. Si elle y consent, tu trouveras aisément ce que tu cherches. Qu'elle choisisse son temps — les médecins procèdent de même — où elle pourra le plus commodément agir sur l'esprit de ta belle. Ce moment, ce sera celui où tout est gai autour d'elle, comme la moisson dans un champ fertile. Quand le cœur est joyeux, que nul chagrin ne l'oppresse, il s'épanouit, et l'amour y pénètre doucement. Tant qu'elle eut ses tristesses, Ilion se défendit par les armes; c'est dans la joie qu'elle reçut dans ses murs le cheval bondé de soldats. Cependant il faut agir encore, quand la jeune femme souffre l'affront d'une rivale; fais en sorte alors qu'elle soit vengée ! Mais hâte-toi, de peur que le vent ne tombe et que les voiles ne se replient : comme une glace fragile, l'attente brise la colère de la femme.

Mais, me demandes-tu, n'est-il pas avantageux de séduire la servante elle-même ? C'est bien chanceux de procéder ainsi ! L'une t'aidera à vaincre, l'autre te gênera. Celle-ci te ménagera les faveurs de sa maîtresse, celle-là les accaparera pour soi. Cela dépend des circonstances. Bien que la servante favorise tes entreprises, à mon avis, mieux vaut-il t'abstenir. Toutefois, si cette dernière, tandis qu'elle donne ou reçoit les lettres, t'agrée autant pour sa beauté que pour sa complaisance, tâche de posséder sa maîtresse d'abord : l'autre viendra plus tard. L'amour ne doit pas commencer par la servante. Rappelle-toi seulement. si tu as quelque foi dans mon art, si les vents ravisseurs ne dispersent pas mes paroles à travers la mer, qu'il te faut, ou ne pas tenter l'aventure, ou la pousser à bout. La servante cessera de te vendre, du jour où elle sera de moitié dans ta trahison. Ne lâche pas l'entreprise, et ne te retire que victorieux. Alors, complice de ta faute, elle ne te trahira pas, et tu connaîtras et les faits et les paroles de ta maîtresse. Mais sois bien discret : si la traîtresse tient bien sa langue, ta belle n'aura plus de mystère pour toi !

Fais des promesses : tu ne perds rien à promettre. Un chacun peut être riche en promesses. L'espérance, si l'on y ajoute foi, dure un long temps : elle est une divinité trompeuse, sans doute, mais elle nous plaît. Si tu donnes quelque chose, tu risques d'être éconduit par intérêt : la femme gardera tes cadeaux, et elle n'aura rien perdu. Mais aie toujours l'air d'être sur le point de donner ce que tu ne donnes jamais. Le point difficile, la grave question est de prendre un premier baiser sans avoir payé. Alors, pour n'avoir pas donné gratis ce qu'elle a donné, la belle le fera encore.

Que tes billets soient dignes de foi, qu'ils soient d'un style familier, mais doux, et qu'on s'imagine t'entendre parler. Si la femme refuse ton poulet et te le renvoie sans l'avoir lu, espère qu'elle te lira un jour, et persiste dans ton entreprise.

Elle t'a lu et ne veut te répondre? Ne l'y force pas; tâche seulement qu'elle continue à lire tes lettres. Celle qui a bien voulu lire, voudra aussi répondre : tout cela viendra progressivement et en son temps.

Peut-être t'arrivera-t-il d'abord une lettre fâcheuse et te disant de vouloir bien cesser tes poursuites. Mais la femme craint ce qu'elle demande, et souhaite ce qu'elle ne demande pas, à savoir ton insistance. Persiste, et bientôt tes vœux seront comblés.

Ne t'amuse pas à friser au fer ta chevelure, ni ne te soucie de te lisser la peau avec la pierre ponce. C'est une beauté négligée qui sied à l'homme. Aime la propreté, hâle ton corps aux exercices physiques. Porte une toge bien faite et sans tache. Que ta langue ne soit pas rugueuse et que tes dents soient vierges de tartre. Que ton pied ne nage pas dans une chaussure trop ample. Qu'une taille maladroite n'enlaidisse pas ta chevelure hirsute; mais que ce soit une main savante qui te coupe les cheveux et la barbe. Que tes ongles bien taillés soient sans souillure aucune. Que nulle vibrisse n'émerge de tes narines. Que ta bouche ne renvoie pas une mauvaise haleine, et que l'odorat de ta belle ne soit pas offensé par une odeur de bouc. Laisse aux femmes lascives le souci du reste !

Voici l'instant de l'entretien. Loin d'ici, rustique pudeur ! La Force et Vénus sourient à l'audacieux. Je n'entends pas t'enseigner les règles de l'éloquence; pourvu que tu commences, l'éloquence te viendra spontanément. Il te faut jouer le rôle de l'amant et dépeindre ta blessure. Par tous les moyens, tâche de persuader. Tu seras cru facilement; toute femme se trouve aimable, et la plus laide est satisfaite de sa tournure. Souvent, toutefois, celui qui simule l'amour finit par aimer sérieusement et devient ce qu'il feignait d'être. Aussi, jeunes filles, soyez indulgentes à ceux qui jouent les amoureux; leur passion, tout à l'heure menteuse, se changera en passion sincère.

Il est temps de t'insinuer dans le cœur de ta belle par des flatteries, comme l'eau pénètre dans la rive qui surplombe. N'hésite pas à louer son visage, ses cheveux, ses doigts fuselés et son pied mignon. La plus chaste se laisse prendre aux louanges qui s'adressent à sa beauté, et les vierges se soucient d'avoir des dehors séduisants !

Ne sois pas timide dans tes promesses : les promesses entraînent les jeunes filles. Prends les dieux à témoin de ta sincérité. Joue-toi d'elles sans pitié. Trompe les trompeuses ; la plupart d'entre elles appartiennent à une race perfide ; qu'elles tombent dans leurs propres filets !

Les larmes ont aussi leur avantage ; c'est par elles

que tu amolliras le diamant. Tâche, si c'est possible, que ta maîtresse te voie les joues humides. Si les larmes te font défaut — car elles ne viennent pas toujours à souhait — mouille-toi les yeux avec les doigts.

Quel est l'amant expérimenté qui n'appuie d'un baiser ses flatteries? Si ta maîtresse ne t'en donne pas, prends-en quand même. Elle commencera peut-être par se fâcher et te traiter de méchant ; mais, tout en résistant, elle désire succomber. Prends garde seulement que des baisers mal ravis ne blessent ses lèvres délicates, et qu'elle n'ait droit de se plaindre de ta brutalité. Si l'amant qui a pris un baiser ne prend aussi le reste, il mérite de perdre même les faveurs qu'il a reçues ! Après ce baiser, que te manquait-il, pour l'accomplissement de tous tes vœux? Hélas! tu n'as pas été pudique, mais simplement sot ! C'eût été lui faire violence, dis-tu? La violence plaît aux femmes; ce qu'elles aiment à donner, souvent elles veulent qu'on le leur ravisse. Il n'est pas de femme qui ne soit heureuse d'avoir été victime des hardies entreprises de l'amour, et l'audace lui fait l'effet d'un présent. Mais celle qui, pouvant être forcée, se retire intacte de tes mains, si son visage exprime la joie, elle a la tristesse au cœur. Phœbé fut violée, sa sœur subit les mêmes outrages, et l'une et l'autre aimèrent leurs ravisseurs.

Un amant doit être pâle : la pâleur est le teint qui sied, qui est indispensable aux amoureux. La maigreur révèle également les sentiments de son âme. N'aie pas honte davantage, à l'instar d'un malade, d'envelopper tes beaux cheveux. Les veilles, les soucis, les chagrins qu'entraînent tout amour violent, émacient le corps des jeunes gens. Pour voir combler tes vœux, inspire la pitié, afin qu'en te voyant chacun puisse s'écrier : « Il aime ! »

Ne te sers pas des mêmes moyens avec toutes. Une vieille biche découvre de loin les embûches. Si tu parais savant à une novice, ou trop entreprenant à une prude, elles se mettront sur leurs gardes. De là vient que la femme, qui craint de se livrer à un homme de bonne naissance, s'abandonne aux caresses d'un rustre.

III

COMMENT ON CONSERVE SA CONQUÊTE

Loin de toi les coupables artifices ! Pour être aimé, sois aimable ! Et ce n'est ni un beau visage, ni une belle prestance qui y suffiront. Pour fixer ta maîtresse, et n'être pas surpris de te voir abandonné, joins les dons de l'esprit aux avantages du corps. La beauté est un bien fragile ; plus tu gagneras en âge, plus elle décroîtra : elle ne dure qu'un temps ! Beau jeune homme, tes cheveux blanchiront bientôt ; bientôt les rides viendront sillonner ton corps. Pour parer au mal, forme-toi un esprit à l'épreuve du temps. Seul, il nous accompagne jusqu'au dernier jour. Donne un soin assidu à la culture des beaux-arts, à l'étude du grec et du latin.

C'est avant tout une adroite complaisance qui gagne les cœurs. La rudesse et les paroles acerbes provoquent la haine. Loin de toi les contestations et les mots mordants! l'amour est doux et se nourrit de tendres propos. C'est par les querelles que la femme chasse son mari, le mari sa femme; ils estiment qu'ils se paient ainsi de la même monnaie. Cela sied, d'ailleurs, aux époux, les disputes étant le lot du mariage; mais qu'une maîtresse n'entende que des paroles aimables. Ce n'est pas en vertu d'une loi que vous êtes montés sur le même lit: pour vous, la loi, c'est l'amour!

Si ta maîtresse se montre peu douce, si elle n'est pas gracieuse pour toi qui l'adore, souffre et sois patient; elle va s'adoucir. La patience triomphe des tigres et des lions de Numidie. Joue le rôle qu'elle t'impose. Blâme, si elle blâme; si elle approuve, approuve; répète ce qu'elle dit; nie ce qu'elle nie. Rit-elle? ris de même; pleure-t-elle? pleure à ton tour. Compose ton visage sur le sien.

Tiens sur elle son ombrelle déployée; fraye-lui un passage à travers la foule; empresse-toi de pousser un escabeau près de son lit; retire-lui ses sandales ou les remets à son pied délicat. Souvent aussi, et bien que tu grelottes toi-même, il te faudra réchauffer dans ton sein ses mains glacées.

On t'a donné ordre de te trouver sur la place publique? tâche d'être au rendez-vous avant l'heure indiquée et de ne te retirer que fort tard. Si ta maîtresse te demande d'accourir ailleurs, quitte tout, cours, et que la foule ne ralentisse pas ta marche. Le soir, retournant chez elle, au sortir d'un festin, si elle réclame un esclave, fais tes offres de service. Tu es à la campagne, et elle te dit : « Viens ! » Si tu ne trouves pas de voiture, fais la route à pied : l'amour hait les traînards. Ne te laisse retarder ni par le mauvais temps, ni par les ardeurs de la canicule, ni par les routes blanches de neige !

L'amour est l'image de la guerre ; reculez, pusillanimes ! son drapeau ne doit pas être défendu par les lâches ! La nuit et les frimas, les longues marches et les cruelles souffrances, toutes les peines planent au-dessus du camp de la tendresse.

Dépouille ton orgueil, si tu as le souci d'un amour durable. Si tu ne peux arriver au but sûrement et de plain-pied, si une porte hermétiquement close s'oppose à ton passage, descends par le toit, à ciel ouvert, ou glisse-toi furtivement par une fenêtre haute. Ta maîtresse sera heureuse de se savoir la cause du danger que tu as couru ; ce sera pour elle le gage non équivoque de ton amour.

N'aie pas honte de gagner les bonnes grâces des servantes, selon leur rang ; n'aie pas honte de gagner les esclaves. Salue — car tu ne risques rien — chacun d'eux par son nom. Orgueilleux, mets ta main dans leur main servile. Crois-moi, attache-toi cette plèbe, et qu'il s'y rencontre toujours le portier ou l'esclave qui s'étend sur le seuil de la chambre à coucher de ta belle.

Je ne t'ordonne pas de faire de riches présents à ta maîtresse ; donne des bagatelles, mais fais-en un choix habile. Lorsque les champs étalent leurs richesses et que les rameaux plient sous le faix, qu'un jeune esclave lui porte dans un panier ces dons rustiques. Tu pourras lui dire qu'ils viennent d'une campagne suburbaine, bien que tu les aies achetés sur la Voie Sacrée.

Te conseillerai-je aussi d'envoyer à ta maîtresse de tendres vers ? Hélas ! les poèmes ne sont guère en honneur. On en fait l'éloge, c'est vrai ; mais on demande mieux. Pour peu qu'il soit riche, un barbare aura de quoi plaire. Nous vivons vraiment dans l'âge d'or : c'est à l'or d'abord que vont les honneurs; c'est avec l'or qu'on achète l'amour ! Toi-même, Homère, si tu venais appuyé sur les Muses, si tu te présentais les mains vides, bien qu'Homère tu serais mis à la porte. Il y a pourtant des femmes — la troupe en est très mince — qui ont de l'instruction; les autres sont ignorantes, mais veulent passer pour ne l'être pas. Cependant tes vers les chanteront au même titre. En les lisant, quels qu'ils soient, fais-les valoir par un débit harmonieux. Qu'il s'adresse aux doctes ou aux ignorantes, peut-être ton poème fera-t-il sur elles l'effet d'un petit cadeau.

Surtout, quand tu voudras faire quelque chose qui te paraît utile, tâche que ta belle t'en prie. Qu'elle te doive ce que tu étais résolu à faire ! L'avantage sera pour toi, l'honneur pour elle.

Si tu as à cœur de retenir ta maîtresse, fais en sorte qu'elle te croie émerveillé de sa beauté. Admire ses bras, quand elle danse ; sa voix, quand elle chante ; et, quand elle s'arrête, plains-toi amèrement. Sur sa couche, il te sera loisible d'adorer ce qui te charme, et d'une voix tremblante, souligner ta joie. Serait-elle plus méchante que la louche Méduse, elle se fera douce et traitable pour toi, pourvu que tu dissimules et que ton visage ne démente pas tes paroles. Dissimulé, l'artifice est d'un bon rapport ; démasqué, il entraîne la honte, et, à juste titre, détruit pour toujours la confiance.

Ne te laisse pas rebuter par la maladie que peut malheureusement contracter ta maîtresse. Fais de ta propre main tout ce qu'elle te permettra. Qu'elle te voie pleurer, que tes baisers vainquent toute répugnance, et que tes larmes humectent ta lèvre desséchée. Fais beaucoup de vœux, mais les fais à haute voix. Chaque fois que tu en auras l'occasion, fais des songes consolateurs que tu lui rapporteras. Cependant, que tes complaisances n'importunent pas la malade ; la douce sollicitude a elle-même ses bornes. Ne l'empêche pas de manger, ni ne lui présente un amer breuvage ; laisse ce souci à ton rival !

L'amour est indécis au début ; il acquiert des forces à l'user. Si tu le nourris bien, il deviendra solide avec le temps. Fais en sorte que ta maîtresse s'habitue à toi : rien ne l'emporte sur l'habitude ! Pour la séduire, ne recule devant aucun ennui. Qu'elle te voie sans cesse, qu'elle n'entende que toi. Jour et nuit, sois devant ses yeux ! Lorsque tu seras plus sûr qu'elle peut te regretter, éloigne-toi, pour que ton absence lui donne du souci. Accorde-lui du repos ; un champ reposé rend avec usure la semence qu'on lui confie, et un sol aride boit avidement les eaux du ciel.

Il est bon d'abréger ton absence, les regrets s'affaiblissent avec le temps. L'absent s'oublie, et il surgit un nouvel amour. Tandis que Ménélas est au loin, Hélène, pour ne pas coucher seule, se glisse dans le lit tiède de son hôte. Que Ménélas en pense ce qu'il voudra ! moi, j'absous Hélène de son péché : elle profita de la complaisance d'un mari trop commode.

La vipère que foule un pied distrait n'est pas aussi terrible que la femme qui surprend une rivale dans le lit de son époux ; elle brûle, et son visage révèle le feu de son âme. Elle se jette sur le feu et la flamme, et, oubliant toute retenue, elle court, comme frappée de la corne du dieu d'Aonie. Mais cela ne revient pas à dire, Dieu merci ! qu'il faille te borner à l'amour d'une seule. A peine une femme mariée peut-elle tenir un pareil engagement ! Amuse-toi, mais ne pèche qu'en cachette ; il ne faut pas se glorifier de sa faute. Ne fais pas à une femme un présent qu'une autre puisse reconnaître ; change les heures de vos rencontres, et, pour qu'elle ne te surprenne pas dans une retraite connue, ne va pas toujours au même endroit. Chaque fois que tu écriras, relis avec soin toute ta lettre ; car beaucoup de femmes lisent plus qu'on ne leur en dit.

Si, malgré tes précautions, ta trahison vient à se découvrir, quelque claire qu'elle paraisse, nie-la jusqu'au bout ! Ne sois alors ni plus soumis, ni plus flatteur que de coutume; de pareils changements sont la vraie marque d'un cœur coupable. Mais n'épargne pas tes flancs ; ton salut est dans une valeur cubiculaire qui fera nier tes précédents exploits. Il en est qui te prescriraient des plantes malfaisantes comme la sarriette ; à mon avis, ce sont des poisons. Il en est aussi qui mêlent le poivre à la graine mordante de l'ortie ou le pyrèthre jaune au vin vieux ; mais la déesse qui habite les collines ombreuses de l'altier Eryx ne souffre pas qu'on se force à ses plaisirs. Sers-toi cependant de l'oignon blanc qui nous vient de la ville de Mégare, de l'herbe excitante que nous donnent nos jardins, et des œufs. Prends du miel de l'Hymette et les fruits que porte, parmi ses feuilles, le pin élancé.

Toi qui, sur mon conseil, cachais tout à l'heure tes trahisons, change de route, et, sur mon conseil encore, publie tes conquêtes. Il est des femmes qu'une timide complaisance sert mal, et dont l'amour languit, sans la crainte d'une rivale. Il faut les exciter par des stimulants violents.

Tâche que ta maîtresse soit inquiète à ton sujet, et réchauffe son cœur attiédi. Qu'elle pâlisse à la preuve de ta trahison ! O quatre fois, ô nombre incalculable de fois heureux, celui dont la maîtresse se plaint d'avoir été offensée !

Combien de temps, me diras-tu, dois-je la laisser se plaindre de son chagrin ? Peu de temps ! de peur que sa colère ne s'aigrisse en se prolongeant. Et déjà, jette tes bras autour de son cou blanc et presse-la pleurante sur ton sein. Elle pleure ? donne-lui des baisers ; elle pleure ? donne-lui les joies de l'amour, la paix sera faite ; c'est le meilleur moyen de fléchir sa colère ! Lorsqu'elle se sera bien emportée, lorsque les hostilités seront évidentes, cherche à conclure la paix sur sa couche ; elle deviendra douce. Les traits déposés, c'est là qu'habite la Concorde ; c'est là, tu peux m'en croire, que naquit le Pardon !

Celui qui se connaît, seul aime en sage et mesure ses entreprises à ses forces. Si la nature lui a donné la beauté, qu'il en tire parti ; s'il a une belle peau, qu'il se couche souvent les épaules nues ; s'il plaît par son langage, qu'il évite le silence morose ; s'il chante avec art, qu'il chante ; s'il boit avec vigueur, qu'il boive !

En amour, les plaisirs sont rares, les peines nombreuses; il faut s'attendre à en supporter beaucoup! On te dira que ta maîtresse est sortie, quand peut-être tu l'as entrevue ; imagine-toi qu'elle est sortie et que tu as mal vu. Elle t'a promis sa nuit, et sa porte est close ? Patiente et couche-toi sur le sol nu ! Peut-être encore une servante menteuse dira avec hauteur : « Qu'a-t-il à assiéger notre porte ? » Flatte, en suppliant, les chambranles et la dure servante, et place sur le seuil les roses qui couronnent ton front. Si ta maîtresse te veut, accours ; si elle t'évite, va-t'en !

Supporte patiemment un rival, et ta victoire est certaine. Ta maîtresse lui fait des signes ? souffre-le ! Elle lui écrit ? ne touche pas à ses tablettes ! Qu'elle aille et vienne à son gré. Laisse-la cacher ses fautes, de peur qu'un aveu forcé ne lui apprenne à ne plus rougir de honte. Aussi gardez-vous, jeunes gens, de surprendre vos maîtresses ! Qu'elles pèchent, mais qu'en péchant elles croient vous avoir dupés avec des mots. Surpris, deux amants s'aiment davantage ; dès que leur sort est commun, ils persistent l'un et l'autre dans ce qui cause leur perte.

Les femmes d'un certain âge sont plus savantes dans l'art d'aimer ; elles ont l'expérience, qui seule fait les bonnes ouvrières. Elles suppléent par la toilette aux outrages du temps, et parviennent, à force de soins, à ne pas paraître vieilles. A ta guise, elles varieront l'amour par mille attitudes ; nul peintre ne saurait trouver autant de postures différentes.

Le plaisir, chez elles, naît sans précaution irritante, et, ce qui charme surtout, l'homme et la femme vont du même train. Je hais le baiser où les deux ne se pâment à la fois. C'est pourquoi je suis moins ébranlé par les baisers d'une jeune fille. Je déteste la femme qui se donne, parce qu'elle se doit donner, et qui, froide, songe à ses fuseaux. Le plaisir qu'on m'accorde par devoir n'a rien d'agréable pour moi. Que nulle maîtresse ne remplisse ce devoir à mon égard !

Il m'est doux d'entendre une voix qui révèle la volupté, qui me supplie de ralentir et de prolonger le plaisir. Je considère alors les yeux mourants de mon amoureuse maîtresse ; elle se pâme, et m'empêche longtemps de la toucher !

Crois-moi, il ne faut pas précipiter le plaisir de Vénus, mais, par d'habiles retards, y arriver lentement.

Lorsque tu auras trouvé les points que la femme se plaît à voir toucher, que la pudeur ne t'empêche pas d'y porter la main. Tu verras ses yeux briller d'une flamme tremblante, comme le soleil qui luit à travers l'onde. Puis viendront les plaintes, puis un tendre murmure, puis les doux gémissements et les mots en harmonie avec vos jeux. Mais ne va pas, déployant trop de voiles, laisser ta maîtresse en arrière, et qu'elle non plus ne te devance pas dans ta course. Allez au but ensemble. La volupté n'est entière qu'autant que la femme et l'homme tombent vaincus en même temps !

Conseils aux Femmes.

La Vertu est femme, et de vêtement, et de nom : il n'est donc pas étrange qu'elle soit favorable à son sexe. Mais je n'étudierai que les amours légères et enseignerai à la femme l'art de se faire aimer.

Tandis que vous le pouvez, et que vous êtes encore au printemps de la vie, donnez-vous du bon temps ; les années s'écoulent comme l'onde. Il viendra un jour où toi, qui repousses aujourd'hui ton amant, tu t'étendras, froide et vieillie, sur ta couche déserte ! Ne refuse donc pas le plaisir aux amants qui te sollicitent !

S'ils te trompent, qu'y perds-tu ? Tout te reste. Qu'ils te fassent mille larcins, tu n'en seras pas appauvrie. Le fer s'amincit, le caillou s'use au frottement ; mais tu n'as rien de pareil à redouter pour cette partie de toi-même.

La beauté est un présent des dieux ; mais combien de femmes peuvent s'enorgueillir de leur beauté ! La plupart d'entre vous n'ont pas reçu ce cher don en partage. Cependant les soins de la parure embelliront un visage qui se fane dans l'insouciance.

Que vos cheveux ne soient pas négligés ; leur grâce dépend du plus ou moins d'adresse des doigts qui les disposent. Il est mille coiffures différentes ;

que chacune choisisse celle qui lui convient le mieux, et consulte d'abord son miroir ! Un visage ovale exige une simple raie au milieu ; à un visage rond sied davantage un nœud léger sur le sommet de la tête, et qui laisse les oreilles à nu. Une autre fera rouler ses boucles sur ses épaules ; une autre les relèvera à la manière de Diane. Celle-ci les fera flotter librement au vent ; celle-là les ramassera sur les tempes.

Pourtant, une coiffure négligée sied à beaucoup de femmes ; on la dirait de la veille, et elle vient d'être faite. L'art doit imiter le hasard !

Choisissez la teinte de vos vêtements. Les couleurs ne conviennent pas à toutes. Le noir sied à la blonde, le blanc à la brune.

J'allais presque vous avertir de prendre garde que vos aisselles ne sentent le bouc, et que vos cuisses rugueuses ne se hérissent de poils ! Mais je n'enseigne pas les filles du Caucase, ni celles qui boivent les eaux du Caïque !

Est-ce que je vous recommanderai de ne point laisser, par négligence, noircir vos dents ou de ne point laver, le matin, votre bouche avec une eau douteuse ? Vous savez bien emprunter la blancheur à la céruse et mettre du rouge là où le sang n'en met point. Vous remplissez artificiellement les interstices des sourcils, et c'est d'une légère couche de cosmétique que vous empêchez vos joues de révéler votre âge. Vous n'avez pas honte de souligner vos yeux d'un trait de charbon ou d'une ligne de safran.

Il ne faut pas toutefois que votre amant surprenne vos boîtes sur votre table; que ce soit un artifice dissimulé qui vous donne la beauté ! La vue n'en est pas agréable. Bien des choses, d'ailleurs, nous choquent quand nous les voyons faire ; faites, elles nous plaisent.

Dissimule les imperfections de ton corps. Si tu es petite, assieds-toi, de peur que, debout, tu ne paraisses être assise. Si tu es naine, étends-toi sur ton lit ; mais, là encore, afin qu'on ne puisse prendre ta mesure, fais en sorte que tes vêtements cachent tes pieds. Que la femme trop mince mette des étoffes épaisses, et qu'un ample manteau pende de ses épaules. Que la pâle teigne sa peau de pourpre ; que la brune ait recours à la graisse de crocodile. Qu'un pied difforme se cache dans une blanche chaussure et qu'une jambe sèche ne voie pas le jour !

De minces bourrelets corrigent des épaules mal faites. Une écharpe sied à une poitrine opulente. Que celle qui a des doigts épais et des ongles rugueux, souligne de peu de gestes ses paroles. Celle qui a l'haleine forte ne parlera jamais à jeun et se tiendra toujours à distance du visage de son interlocuteur.

Si tes dents sont noires, ou trop longues, ou mal rangées, le rire te causera les plus grands ennuis.

Qui le croirait? les jeunes filles apprennent aussi à rire, et cet art leur donne un charme nouveau. Que leur bouche s'ouvre peu, qu'il se creuse de petites fossettes dans leurs joues, et que leur lèvre inférieure recouvre l'extrémité des dents.

Où l'art ne va-t-il pas se nicher? Les femmes apprennent à pleurer avec grâce, et elles pleurent quand et comme elles veulent!

Que dirai-je de celles qui avalent certaines lettres indispensables à la prononciation, et qui forcent leur langue à bégayer à leur guise? Prononçant mal un mot, d'un défaut elles font un charme. Elles pourraient parler bien, et elles apprennent à parler mal!

C'est une chose agréable que le chant. Que les jeunes filles apprennent à chanter; une voix douce, chez beaucoup, tient lieu de beauté. Que tantôt elles répètent les airs sévères entendus au théâtre, et tantôt les airs légers du rythme égyptien. La femme, éduquée suivant nos vœux, saura tenir l'archet de la main droite, la harpe de la main gauche.

Qui doutera que j'exige de la jeune fille qu'elle sache danser, et, déposant la coupe du festin, puisse mouvoir harmonieusement son bras?

Apprenez mille jeux divers, jeunes filles; il est honteux que vous ne sachiez pas jouer, c'est souvent en jouant que naît l'amour.

Qu'une belle femme s'offre en spectacle en public : dans le nombre des amateurs, il se rencontrera bien quelqu'un qui l'enlèvera. Qu'en tout lieu, elle s'étudie à plaire et que son esprit n'ait d'autre souci que ses attraits. Le hasard peut servir partout. Femme, tends l'hameçon sans cesse; il est des poissons dans les gouffres où l'on s'y attend le moins. C'est souvent aux funérailles d'un mari qu'on en trouve un autre; il sied, pour cela, d'aller les cheveux épars et de donner libre cours à ses larmes.

Évitez, ô femmes, les hommes qui font profession d'étaler leurs vêtements et leur beauté, et de respecter la savante architecture de leur tête ! Ce qu'ils vous disent, ils l'ont dit mille fois à d'autres; leur amour est volage et ne saurait se fixer quelque part. Que peut faire une femme, lorsque l'homme est plus efféminé qu'elle et risque même d'avoir plus d'amants ?

Femmes, si les hommes vous promettent beaucoup, faites-en autant en paroles; s'ils sont généreux, payez-les en plaisirs.

Qu'une servante adroite reçoive les billets de ton amant. Mais examine-les, pèse les mots que tu lis, et devine s'il ment ou si ses prières partent d'un cœur épris. Puis ne te hâte pas de répondre; l'attente aiguillonne toujours l'amant, si pourtant elle n'est pas trop longue. Ne te promets pas trop facilement au jeune solliciteur ; en revanche, ne lui refuse pas durement ce qu'il demande. Fais qu'il espère et craigne en même temps, et qu'à chaque refus, son espoir s'affirme et sa crainte diminue. Jeunes filles, que votre style soit pur, simple et familier; les termes qui déplaisent sont ceux du langage trivial. Que de fois un amoureux hésitant s'est laissé prendre aux lettres! Que de fois une langue barbare a nui à la beauté du corps!

Crains une rivale; tu vaincras, pourvu que tu sois seule! Pas plus que les empires, Vénus ne souffre de partage!

Ce qui empêche les maris d'aimer leurs femmes, c'est qu'ils les joignent quand il leur plaît.

Que l'amant nouvellement pris dans tes filets se flatte d'abord d'être seul à entrer dans ta couche; que bientôt il croie avoir un rival partageant avec lui tes faveurs. Abandonne ces stratagèmes, et son amour diminuera. Jamais un cheval généreux, au sortir de ses liens, ne court mieux que lorsqu'il a d'autres chevaux à dépasser ou à atteindre. Un affront attise à plaisir des feux mourants. Pour moi, je l'avoue, je n'aime qu'autant qu'on me blesse. Que l'amant n'ait pas, toutefois, trop de raisons d'être chagrin, et que, dans son inquiétude, il n'imagine pas plus qu'il ne sait!

Il s'excitera à l'idée d'un serviteur imaginaire montant une garde rigoureuse ou de la jalousie importune d'un mari trop sévère. Plus le plaisir est facile, et plus il perd de son prix. Serais-tu plus libre que Thaïs, imagine des craintes. Tu pourrais plus commodément faire entrer ton amant par la porte? fais-le passer par la fenêtre, et que ton visage porte toutes les marques de la peur ! Qu'une servante délurée accoure et s'écrie : « Nous sommes perdus ! » Toi, cache n'importe où le jeune homme tremblant. Cependant, que son amour connaisse aussi des plaisirs sans alarmes, de peur qu'il n'estime que tes nuits sont payées trop cher !

Si tu es trop confiante, d'autres te raviront tes plaisirs, et tu auras levé un lièvre pour tes rivales. Cette officieuse amie, qui te prête sa chambre et son lit, crois-moi, s'y est rencontrée plus d'une fois avec moi ! N'aie pas davantage à ton service une servante trop jolie; souvent elle jouera, auprès de moi, le rôle de sa maîtresse.

Tâche — et c'est chose facile — que nous nous croyions aimés : on croit aisément ce qu'on désire. Que la femme jette des regards aimables sur un jeune homme, qu'elle pousse des soupirs profonds, qu'elle lui demande les raisons de son arrivée tardive, qu'elle y ajoute des pleurs et les feintes douleurs de la jalousie, qu'elle lui déchire la figure de ses ongles ! Il sera vite persuadé et aura pitié d'elle ! « Elle est folle de moi ! » dira-t-il, surtout s'il est coquet, se sourit dans le miroir, et croit pouvoir inspirer de l'amour aux déesses. Mais toi, quelle que tu sois, qu'un affront te trouble médiocrement ! Et ne perds pas la tête, au nom d'une rivale. D'ailleurs, ne sois pas crédule trop vite !

Sache tout ; donne à ton corps des attitudes appropriées aux circonstances : toutes ne conviennent pas à toutes. Si la femme est très belle de figure, qu'elle s'étende en arrière. Celles qui plaisent par leur croupe, se feront voir de dos. Mélanion portait sur ses épaules les jambes d'Atalante ; prenez cette attitude, vous qui en avez de belles. Que la petite aille à califourchon ; c'est pour avoir été trop grande que l'épouse d'Hector ne chevaucha jamais. La femme qui se fait remarquer pour sa taille allongée, pressera sa couche de ses genoux, tête légèrement inclinée. Avec celle qui a les cuisses de la jeunesse et dont la gorge est sans défaut, l'homme se tiendra debout, tandis qu'elle-même sera allongée sur un lit en pente. N'aie pas honte, ô femme, de dénouer tes cheveux, à la façon d'une bacchante thessalienne, et de laisser tes boucles rouler sur ton cou ! Toi aussi, dont Lucine a marqué le ventre de rides, comme le Parthe léger, combats à reculons. Vénus prend mille attitudes ; la plus simple et la moins fatigante consiste à se renverser à demi sur le flanc droit.

Que la femme goûte la volupté jusqu'au fond de ses moelles, et que son plaisir soit ressenti au même point par son amant ; qu'il n'y ait de cesse ni aux tendres paroles ni aux doux murmures ; que des mots licencieux entrecoupent leurs jeux !

Et toi aussi, à qui la nature a refusé la sensation de la volupté, simule le plaisir par des aveux mensongers. Malheureuse est la jeune fille, dont se trouve insensible et engourdi l'organe dont doivent jouir au même titre l'homme et la femme ! Du moins, lorsque tu simuleras, crains de te trahir ; fais en sorte de tromper par tes mouvements et par tes yeux ! Que ta voix et tes soupirs témoignent de ton plaisir. O honte ! la volupté a donc ses secrets !

LA GUERRE ET L'AMOUR

Tout amant est soldat, et l'Amour a son camp. Tu peux m'en croire, Atticus, tout amant est soldat ! L'âge qui convient à la guerre convient aussi à Vénus. Triste soldat qu'un vieillard ! triste amant qu'un amant vieux ! L'âge que réclame un général dans un soldat vaillant est celui que souhaite une jeune beauté à qui partage son lit. Tous deux, ils veillent ; tous deux, ils couchent sur la dure ; l'un monte la garde au seuil de sa maîtresse, l'autre à la porte de son chef. Longue est la route que s'impose le soldat ; l'amant, quand sa beauté est exilée, la suivra hardiment jusqu'au bout du monde. Il franchira et les montagnes élevées et les fleuves grossis par l'orage ; il se frayera un chemin à travers les neiges amoncelées. S'il doit passer les mers, il ne prétextera pas les vents déchaînés pour attendre un temps plus propice à la navigation. Qui donc, si ce n'est ou le soldat ou l'amant, affrontera et la fraîcheur des nuits et les bourrasques de neige ou d'eau ? L'un est envoyé en éclaireur au-devant de l'ennemi, l'autre a les yeux fixés sur son rival comme sur un ennemi ; celui-là assiège les villes de l'adversaire, celui-ci la maison d'une maîtresse inflexible. Le premier ébranle les portes, le second les chambranles.

Souvent on l'emporta pour avoir surpris les ennemis et tué, l'épée à la main, un troupeau sans défense. Souvent les amants mettent à profit le sommeil des maris et tournent leurs armes contre un ennemi engourdi. Tromper la vigilance des gardes, passer entre les rangs des sentinelles, voilà l'éternel travail du soldat et du pauvre amant.

La guerre est chanceuse et l'amour n'a rien d'assuré. Les vaincus se redressent, et ceux qui semblaient ne pouvoir être renversés mordent la poussière. Qu'on cesse donc d'appeler l'amour une lâcheté : l'amour exige un tempérament de fer.

Le vaillant Achille brûle pour Briséis ravie à son amour. Au sortir des embrassements d'Andromaque, Hector courait aux arènes, et c'était son épouse qui lui couvrait la tête de son casque. Le chef suprême des Grecs, le fils d'Atrée, à la vue de la fille de Priam, les cheveux épars à la manière des bacchantes, demeura, dit-on, interdit d'admiration. Mars lui-même fut pris dans les filets fabriqués par Vulcain: nulle histoire ne fit plus de bruit dans l'Olympe.

Moi-même, j'étais paresseux et né pour ne rien faire : le lit et l'ombre avaient amolli mon âme. Le soin d'une jeune beauté secoua mon apathie et m'enjoignit de me ranger sous son étendard. Depuis lors, tu me vois agile et livrant des combats de nuit. Voulez-vous n'être point dans l'inaction ? Aimez !

LE REMÈDE D'AMOUR

OVIDE

Que l'amant payé de retour jouisse avec ivresse de son bonheur et livre sa voile aux vents propices! Mais s'il est un homme qui supporte mal le joug d'une maîtresse indigne, de peur qu'il ne périsse, qu'il accepte le secours de mon art !

Pourquoi, le cou serré dans un nœud étroit, se suspendre tristement à une poutre élevée ? Pourquoi s'ouvrir les entrailles d'un fer homicide ? Ami de la paix, Cupidon, tu as le meurtre en horreur. Que celui qui, s'il ne cesse d'aimer, doit mourir de son affection malheureuse, cesse d'aimer, et tu ne seras cause d'aucun trépas. Tu es un enfant, et les jeux seuls sauraient te convenir, amuse-toi donc ; ce doux empire convient à ton âge. Tu peux, en vérité, te servir pour la lutte de flèches acérées ; mais tes traits ne blessent ni ne tuent. Que ton beau-père combatte et du glaive et de la lance aiguë, et que son bras vainqueur soit rouge d'un sang abondant ! Toi, cultive cet art plus doux que je pratique en sûreté et dont l'effet ne priva jamais une mère de ses enfants.

Fais que dans une querelle nocturne, une porte soit brisée et qu'une autre soit ornée de nombreuses couronnes. Fais qu'amants et maîtresses se joignent furtivement et qu'ils abusent de toute façon un mari soupçonneux ; qu'un amoureux débite tantôt de tendres prières, tantôt des imprécations à la porte de sa maîtresse, et que, repoussé, il chante sur un ton plaintif. Tu te contenteras des larmes, sans qu'on t'accuse d'un trépas. Non, ton flambeau ne saurait allumer les bûchers dévorants.

Je disais; et l'Amour, rayonnant de ses ailes diaprées : « poursuis, me dit-il, ton nouvel ouvrage. » Donc, jeunes gens déçus, accourez à mes leçons, ô vous que l'amour trompa en toute rencontre ! Apprenez l'art de vous guérir de celui qui vous apprit l'art d'aimer. La main qui vous fit une blessure saura la fermer. Le même sol produit des herbes salutaires et des herbes nuisibles ; et souvent la rose éclôt près de l'ortie. La blessure faite, un jour, au fils d'Hercule par la lance d'Achille, c'est la lance d'Achille qui la cicatrisa.

Mais, jeunes beautés, des conseils que je donne aux hommes, faites vous-mêmes votre profit : je donne des armes aux deux partis. Si, parmi mes préceptes, il en est qui ne puissent vous servir, du moins ils pourront largement vous tenir d'exemple. Mon but est utile : éteindre des flammes cruelles, affranchir les cœurs d'une passion néfaste. Phyllis eût vécu si j'eusse été son maître ; le chemin qu'elle fit neuf fois, elle l'eût refait encore ; Didon mourante n'eût point vu, du haut de son palais, la flotte troyenne livrer ses voiles aux vents ; le chagrin n'eût pas armé contre le fruit de ses entrailles cette mère qui versa son propre sang pour se venger d'un époux...

Tandis qu'il en est temps encore, et si ton cœur n'est que faiblement ému, si tu te repens, arrête-toi, dès les premiers pas. Étouffe dans le germe la mauvaise semence de ton mal naissant, et que dès l'entrée de la carrière, ton coursier refuse d'avancer. Le temps mûrit le jeune raisin et d'une herbe fait de robustes épis...

Quelque soit l'objet de ton amour, examine-le sans délai et secoue le joug qui doit te blesser. Résiste au début : trop tard vient le remède, quand une fois le mal est invétéré. Hâte-toi donc, et ne diffère pas d'heure en heure. Qui n'est pas prêt aujourd'hui, le sera moins encore demain. Tout amour a ses prétextes et trouve un aliment dans les retards. Le jour le plus proche est le meilleur pour l'affranchissement. Mais on aime à cueillir les fleurs d'amour, et chaque jour on se dit : Il sera temps demain ! En attendant, des flammes secrètes circulent dans nos veines, et l'arbre nuisible jette plus profondément ses racines. Si le temps des premiers remèdes est passé, si l'amour a vieilli dans le cœur où il s'est ancré, la tâche est plus ardue. Mais, parce qu'on m'a appelé trop tard auprès du malade, je ne dois point pour cela l'abandonner...

Moi qui te pressais tout à l'heure d'attaquer le mal à sa naissance, je te propose maintenant un secours lent et tardif. Ou, dès ses débuts, si tu peux, tu tenteras d'éteindre l'incendie, ou il succombera à sa propre violence. Quand la fureur est déchaînée, cède à son emportement : il y a peu de prise sur la fougue. Insensé le nageur, qui, pouvant descendre un fleuve obliquement, s'efforce de lutter contre le courant... Si tu ne combats pas un défaut en temps utile, en voulant le réprimer, tu l'irriteras et tu en augmenteras la flamme.

Lors donc que mon art vous paraîtra applicable, conformez-vous à mes conseils et fuyez d'abord l'oisiveté. Si vous évitez l'oisiveté, vous briserez le carquois de l'Amour, et son flambeau sans chaleur deviendra un objet de mépris. Autant le platane aime le vin, le peuplier l'eau, le roseau marécageux la terre limoneuse, autant Vénus aime l'oisiveté. L'amour fuit le travail. Vous qui voulez l'abolir, occupez-vous, et vous serez sauvés. La nonchalance, un sommeil trop prolongé et sans gêne, le jeu, des libations trop fréquentes, enlèvent à l'âme toutes ses énergies, et l'Amour traîtreusement s'en empare à sa guise. Cet enfant se plaît à suivre la fainéantise : il hait les gens laborieux.

Surtout prends le large; quelques forts que soient les liens qui te retiennent, va au loin et entreprends des voyages de long cours. Tu pleureras au souvenir du nom de ton amie abandonnée ; ton pied hésitera souvent au milieu de la route ; mais moins tu voudras avancer, plus tu devras presser tes pas. Persiste, et force tes pieds rebelles à courir !...

Mes préceptes direz-vous, sont durs : ils sont durs, je le reconnais ; mais, pour recouvrer la santé, il faut que vous souffriez beaucoup. Malade, j'ai souvent, contre mon gré, bu des potions amères, tandis qu'on me refusait les aliments que j'implorais. Pour sauver votre corps, vous supporterez le fer et le feu, vous n'oserez, ayant soif, rafraîchir avec de l'eau votre bouche desséchée ; et pour guérir votre âme, vous ne voudriez rien endurer ? Pourtant cette partie de vous-même est plus précieuse que votre corps !...

Ne va pas croire qu'il suffise de t'éloigner : Sois longtemps absent, pour que tes feux perdent de leur force et qu'il n'en reste que des cendres sans chaleur. Si tu reviens avant que ton esprit soit bien raffermi, l'Amour en révolte t'attaquera de ses armes cruelles. Quoi ? Pour t'être absenté, reviendras-tu plus ardent et plus assoiffé, et la distance n'aura-t-elle fait qu'aggraver ton mal?

Si quelque motif puissant te retient à Rome, écoute le conseil que je vais te donner concernant la ville. Heureux vainqueur, que celui qui rompt les liens qui enchaînent sa poitrine et, en même temps, cesse de souffrir. S'il est un homme doué de cette énergie, je l'admirerai tout le premier et dirai : Il n'a pas besoin de mes conseils. Mais toi qui ne sais pas cesser d'aimer l'objet que tu aimes, qui veux être libre et ne le peux, c'est à toi que je m'adresse. Souvent remémore-toi les actes de ta scélérate maîtresse, aie devant les yeux tous tes désastres. Elle m'a pris tel et tel objet, et, non contente de ces dépouilles, la cupide a fait vendre à l'encan mes lares paternels. C'est ainsi qu'elle me faisait des serments, c'est ainsi qu'elle les trahissait ! Que de fois ne m'a-t-elle pas contraint de coucher à sa porte! Elle en aime d'autres, de moi elle dédaigne d'être aimé. Un colporteur, hélas ! obtient d'elle les nuits qu'elle me refuse ! Que tout cela aigrisse tes sentiments ; souviens-t'en et qu'il en germe des semences de haine !...

Autant que tu le pourras, ne vois que des défauts dans les qualités de ta maîtresse, et que l'étroite limite qui sépare le défaut de la qualité trompe ton jugement. Dis-toi qu'elle est bouffie, si elle a des formes pleines, qu'elle est noire, si elle est brune. Sa gracilité peut lui être reprochée comme une maigreur. Si elle n'est pas grossière, tu diras qu'elle est effrontée ; par hasard est-elle modeste ? traite-la de niaise. Bien mieux, ta maîtresse manque-t-elle de quelque talent ? c'est celui-là qu'elle devra déployer, et tu l'en prieras le plus gentiment possible. Exige qu'elle chante, si elle n'a pas de voix ; fais qu'elle danse, si elle ne sait mouvoir un bras. Elle a une prononciation barbare ? parle beaucoup avec elle. Elle ne sait pas toucher une corde ? prie-la de jouer de la lyre. Elle a une marche pesante ? fais-la marcher. Ses seins volumineux envahissent toute sa poitrine ? qu'aucune bandelette ne les recouvre. Elle a une mauvaise dentition ? raconte-lui des histoires qui la fassent rire. Elle a les yeux faibles ? dis-lui des choses qui la fassent pleurer. Il sera bon aussi de te présenter chez ta maîtresse, subitement et de bon matin, avant qu'elle ait fait ses apprêts. La parure nous séduit, l'or et les pierreries cachent tout, et ce qu'on voit d'une femme est le moins important. Souvent on cherche bien loin ce qu'on aime. L'Amour opulent trompe le regard, grâce à cette égide. Arrive à l'improviste ; en toute sûreté tu la trouveras désarmée, et la malheureuse te chassera par ses défauts. Pourtant il ne faut pas trop se fier à ce prétexte : une beauté sans art séduit en effet bien des amants.

Je te dirai maintenant ce qu'il sied de faire au milieu des plaisirs de Vénus ; car de toute façon il faut combattre l'Amour. Il est bien des choses que la pudeur m'empêche de dire ; mais ton imagination suppléera à mes sous-entendus. Dernièrement certaines personnes ont diffamé mes écrits et prétendu que ma Muse était libertine. Pourvu que je plaise ainsi, pourvu que je chante pour l'univers entier, qu'un ou deux critiquent à leur guise mon ouvrage !...

Lorsque l'heure du baiser et des plaisirs juvéniles sera venue et que la nuit promise à tes désirs sera proche, de peur de te laisser dominer par les jouissances de la femme, en t'y livrant à plein corps, je veux que tu te rencontres avec une autre, que tu en trouves une avec laquelle tu éprouves une première volupté. La seconde en sera moins intense...

Je te conseille encore d'avoir en même temps deux

maîtresses ; mieux vaudrait-il peut-être que tu en eusses davantage ! Lorsque l'âme se partage entre deux objets, ces deux amours s'affaiblissent l'un l'autre...

Si mes préceptes ont quelque valeur, si par ma voix Apollon donne quelques sages conseils aux mortels, quand tu seras brûlé des feux de l'Etna, fais en sorte que ta maîtresse te croie plus froid que glace. Feins d'être guéri, afin que, si tu souffres encore, elle ne s'en doute pas ; ris même lorsqu'il te faudrait pleurer...

L'amour s'empare de notre âme par l'habitude, et l'habitude le fait oublier. Qui peut feindre la guérison, sera guéri. Elle t'a demandé de venir telle nuit? Viens. Tu viens et trouves porte close ? Patiente. N'adresse ni prières, ni menaces à la porte, et ne te couche pas de ton long sur le seuil inflexible. Le jour viendra : point de reproches dans tes paroles, point de signes de douleur sur ton visage. En te voyant indifférent, elle déposera son orgueil. C'est encore un bienfait que tu devras à mon art. Cependant trompe-toi toi-même, jusqu'à ce que tu cesses d'aimer ; souvent au coursier répugne le mors qu'on lui présente...

Jouis de ta maîtresse, jouis-en sans interruption ; qu'elle te prenne tes jours et tes nuits. Poursuis la satiété ; la satiété mettra un terme à tes maux. Même, quand tu croiras pouvoir t'en passer, reste près d'elle et ne quitte sa maison, objet de tes dégoûts, que fatigué des plaisirs dont l'excès a tué l'amour.

L'amour subsiste longtemps, lorsque c'est la jalousie qui le nourrit. Veux-tu le bannir? bannis la défiance. Celui qui craint de perdre sa maîtresse ou qu'un autre ne la lui enlève, tout l'art de Machaon pourrait à peine le guérir...

Amant, quel que tu sois, évite la solitude : la solitude est nuisible ! Où fuis-tu ? Tu seras plus en sûreté parmi la foule. Tu n'as pas besoin de t'isoler: l'isolement aggrave les tourments ; la foule te sera une bonne auxiliaire. Seul, tu seras triste, et l'image de ta maîtresse abandonnée flottera devant tes yeux; tu croiras la voir en personne. Voilà pourquoi la nuit est plus triste que les heures de Phébus...

O toi qui veux cesser d'aimer, fais en sorte d'éviter la contagion, qui souvent est nuisible même aux troupeaux. Tandis qu'on contemple les blessures d'autrui, on est blessé soi-même, et bien des maux se gagnent de proche en proche. A notre insu l'amour nous envahit, si nous ne nous éloignons pas de ceux qui aiment; tous nous sommes à cet égard ingénieux à nous tromper. L'un était déjà guéri: les alentours l'ont perdu. Un autre n'a pu supporter la rencontre de sa maîtresse. Mal cicatrisée, son ancienne blessure s'est rouverte, et mon art est demeuré sans effet...

Lorsque, à force de lutter, tu toucheras enfin au port, il ne suffira pas que tu abandonnes ta maîtresse; il te faudra encore renoncer à sa sœur, à sa mère, à sa nourrice, à sa confidente, bref, à tout ce qui tient à sa personne...

Celui qui répète à tout propos : « Je n'aime plus ! » aime encore... Celui qui fait succéder la haine à l'amour, ou aime encore, ou difficilement cessera d'être malheureux...

Garde-toi de relire les billets que tu as conservés de ta douce maîtresse : une lettre relue ébranle les esprits les plus fermes... Il est aussi des lieux qui sont nuisibles : fuis ceux qui furent le théâtre de vos baisers : ils sont la cause de mille douleurs. « Elle était là ; elle couchait ici ; nous dormions ensemble sur ce lit ; elle m'y prodiguait la nuit des joies délirantes. » L'amour se réveille à ces souvenirs, la blessure mal fermée se rouvre : la moindre imprudence nuit aux convalescents....

Ne lis pas les poètes érotiques...

TIBULLE

Si l'histoire ne nous dit rien de Tibulle, si ce n'est qu'il figure parmi les poètes les plus distingués du siècle d'Auguste, c'est que l'auteur des ÉLÉGIES *s'est plu à retracer dans ses vers sa vie amoureuse, qui fut sa vie entière.*

D'après ces vers, Tibulle fut tout à la fois beau, riche, poète remarquable, c'est-à-dire aimé des femmes. Délie, Némésis, Néèra, vingt autres, furent les maîtresses d'un homme qui ne se piquait pas de constance, et qui pourtant se plaignait fort amèrement de l'infidélité féminine.

Sensuel et mélancolique, il pleure des larmes sincères et chante des voluptés suraiguës. Chose étonnante ! malgré l'uniformité du thème, Tibulle ne se répète guère. Il semble, à le lire, que ses sensations soient toujours neuves et ses sentiments d'autant plus frais qu'ils sont plus répétés. On sent que ses déclamations contre le sexe ne partent que d'une irritation passagère, qu'au fond, il aime et comprend la femme, et que le contact de la chair, de cette chair dont aucun tressaillement n'est obscur pour lui, chasse vite de son souvenir les pires déboires.

LES ÉLÉGIES DE TIBULLE

I

QUAND JE VIENDRAI A MOURIR

Non, moi, je n'ai nul souci de la gloire, ô ma Délie ! Pourvu que je sois à tes côtés, que m'importe, je le demande, qu'on m'accuse de lâcheté et de mollesse ! Quand viendra mon heure dernière, puissé-je te voir, et, d'une main défaillante, te tenir jusque dans la mort ! Tu pleureras, ma Délie, sur mon cadavre que doit consumer le bûcher, et tes baisers se mêleront à tes larmes douloureuses. Tu pleureras ! ta poitrine n'est pas cerclée de fer, et ce n'est pas un caillou que tu portes à la place du cœur. Il ne se rencontrera ni jeune homme ni jeune fille capable de revenir de mes funérailles les yeux secs. Et pourtant, ma Délie, n'offense pas mes mânes, épargnes tes cheveux dénoués, épargne tes joues délicates !

Cependant, tandis que le permettent les destins, unissons nos lèvres. Assez tôt viendra la Mort, la tête enténébrée ; assez tôt la vieillesse engourdira nos membres. Alors, la tête blanche, il sera malséant d'aimer et de répéter de doux propos.

C'est maintenant qu'il faut nous livrer aux jeux de l'amour, tandis qu'il nous sied de briser les portes et que les querelles ont du charme. En amour, je suis bon général et bon soldat !

II

UN AMANT DOIT N'AVOIR PEUR DE RIEN

Un cruel gardien veille sur ma maîtresse ; un dur verrou ferme sa porte.

Toi, ma Délie, trompe hardiment ton gardien. De l'audace ! Vénus elle-même protège les cœurs hardis.

C'est elle qui favorise le jeune homme, lorsqu'il tente une porte nouvelle, ou la jeune fille, lorsqu'elle pousse le verrou. C'est elle qui apprend à descendre furtivement d'une couche moelleuse et à poser le pied sans bruit. C'est elle qui apprend à faire, en présence du mari, des gestes éloquents et à cacher de douces paroles sous des signes convenus.

Pourtant, elle ne l'enseigne pas à tous, mais bien à ceux que n'appesantit pas la paresse et que la crainte n'empêche pas de se lever par une nuit obscure. Voyez ! quand, anxieux, j'erre dans les ténèbres par la ville entière, Vénus elle-même me protège dans le noir; elle ne permet pas que je rencontre quelqu'un qui me blesse de son fer ou s'enrichisse du rapt de mes vêtements.

Celui qui est féru d'amour peut aller n'importe où : il est en sûreté, il est sacré et il ne doit craindre aucune embûche ! Sur moi n'ont prise ni les froids engourdissants de la nuit, ni la pluie qui tombe à torrents. Oui, ces avanies ne sont rien pour moi, pour peu que Délie m'ouvre sa porte, et, silencieuse, me fasse signe du doigt !

III

TIBULLE MALADE

Messala, tu traverseras sans moi les ondes égéennes. Puisses-tu, ainsi que tes compagnons, garder mon souvenir, pendant que la maladie me retient sur le sol inconnu de la Phéacie ! Sombre mort, retiens tes mains avides ! Sombre mort, retiens-les, je t'en prie !

Il ne me reste ici, ni une mère pour recueillir sur son cœur chagrin mes ossements consumés, ni une sœur pour verser sur mes cendres les parfums de l'Assyrie, ou pleurer, les cheveux épars, sur mon tombeau. Ma Délie est loin d'ici, elle qui, avant de me laisser sortir de Rome, consulta, dit-on, toutes les divinités.

O Délie ! à quoi me sert maintenant ton Isis ? à quoi, le sistre que ta main frappa si souvent ? à quoi, tes chastes ablutions, je m'en souviens, et ton repos sur une couche sans tache, durant ces pieux sacrifices ?

Maintenant, déesse, maintenant viens à mon secours; les nombreux tableaux suspendus dans tes temples prouvent que tu peux me guérir.

Que ma Délie, pour acquitter ses vœux, aille s'asseoir, vêtue de lin, devant ton sanctuaire, et que, deux fois le jour, les cheveux dénoués, belle parmi la foule de tes fidèles, elle chante tes louanges !

Et toi, Délie, reste chaste, je t'en conjure, et qu'une vieille attentive soit la gardienne assidue de ta sainte pudeur ! Qu'elle te fasse des récits fabuleux ; qu'à la lueur de la lampe, elle dévide les longs fils de son épaisse quenouille ; que, près d'elle, toi-même, penchée sur un travail difficile, tu sentes ton ouvrage tomber de tes mains, à l'approche du sommeil ! Alors, je t'apparaîtrai soudain, sans que personne m'annonce, semblable à un envoyé du ciel. Et toi, Délie, telle quelle et tes longs cheveux en désordre, accours, les pieds nus, au-devant de moi !

Tel est mon souhait ! Veuille la blanche Aurore, de ses chevaux couleur de rose, ramener ce jour radieux !

IV

DÉLIE INFIDÈLE

Je faisais le brave et prétendais supporter aisément une rupture ; et voilà bien loin la gloriole de la force !

J'ai tout fait, et c'est un autre qui jouit de ton amour et goûte, joyeux, le fruit de mes prières. Dans ma démence, je me forgeais, après ta guérison, une vie heureuse; mais un dieu m'a tout refusé ! Je cultivai un champ, pensais-je, et c'est ma Délie qui en gardera la récolte, tandis que, sur l'aire, on battra les gerbes aux feux du soleil, ou bien elle veillera sur les outres gonflées de raisin et sur le moût clair qu'un pied rapide en fait jaillir. Elle s'habituera à compter mon bétail; elle s'habituera, maîtresse condescendante, à voir s'ébattre dans son giron le jeune esclave babillard. Elle saura offrir au dieu des laboureurs un raisin pour la vigne, des épis pour la moisson, une victime pour le troupeau.

Qu'elle commande à tous, qu'elle ait soin de tout, et il me sera doux de compter pour rien dans toute la maison. Mon cher Messala y viendra, et Délie lui cueillera sur des arbres de choix des fruits délicieux. Elle l'aura en telle vénération qu'elle le servira avec grand soin, lui obéira, et de ses propres mains lui préparera la table.

Voilà ce que je rêvais, voilà maintenant ce que l'Eurus et le Notus dispersent à travers l'Arménie embaumée ! Souvent, j'essayai de noyer mes soucis dans le vin; mais mon chagrin changeait mon vin en larmes ! Souvent, je pris une autre dans mes bras; mais, au seuil de la jouissance, je me rappelais ma maîtresse, et mon ardeur tombait.

Alors, la femme descendait de ma couche, disant qu'on m'avait jeté un sort; j'en suis confus ! et elle raconte qu'elle sait sur mon compte de vilaines histoires.

C'est ma jeune maîtresse qui m'a jeté un sort,

son visage, la souplesse de ses membres, la blondeur de ses cheveux !

Si un amant riche la possède, c'est une rusée proxénète qui a causé mon malheur !

Mais toi, ma Délie, repousse au plus vite les conseils d'une rapace séductrice ; car les présents étouffent l'amour. Un pauvre s'empressera autour de toi ; un pauvre accourra au premier appel et s'attachera à ton tendre flanc ; un pauvre sera ton compagnon fidèle dans les rangs serrés de la foule ; il te prêtera la main, te frayera une route ; un pauvre te mènera en secret vers des amis retirés et détachera lui-même les liens de ton pied de neige !

Hélas ! je chante en vain ; ta porte bouclée ne s'ouvrira pas à ma voix ; c'est, la main pleine, qu'il faut y frapper !

Mais toi, qui l'emportes maintenant, crains mon sort : la roue légère de la Fortune tourne avec rapidité.

Ce n'est pas en vain qu'un autre amant assiège son seuil, lui envoie de longs coups d'œil et disparaît ; il feint de dépasser la maison, mais revient bientôt et fait les cent pas devant la porte.

Je ne sais ce que cet amour furtif te réserve ; jouis-en, je te le conseille, tandis que tu le peux. Ta barque flotte sur une onde traîtresse !

V

JALOUSIE

Déjà la rusée Délie reçoit en secret je ne sais quel amant, dans le silence de la nuit. Certes, elle proteste de toute son énergie ; mais il m'est difficile de la croire ; avec la même assurance elle nie mon amour à son mari. Malheureux ! c'est moi qui lui ai enseigné l'art de tromper ses gardiens.

Hélas ! hélas ! je suis victime de mes propres artifices !

C'est de moi qu'elle a appris les prétextes pour coucher seule ; la manière d'ouvrir une porte sans faire grincer les gonds ! C'est moi qui lui ai donné les sucs et les herbes pour effacer les taches bleuâtres que se font avec les dents les amoureux !

Mais toi, imprudent époux d'une jeune traîtresse, protège-moi toi-même, en l'empêchant de pécher. Veille à ce qu'elle n'ait pas de longs entretiens avec les jeunes hommes ; qu'elle ne s'allonge pas, les vêtements défaits et la gorge nue ; qu'elle ne te trahisse pas en gestes; qu'elle ne trempe pas le doigt dans sa coupe pour dessiner des signes sur le contour de la table.

Crains qu'elle ne sorte trop souvent ; qu'elle ne te dise qu'elle se rend aux mystères de la Bonne-Déesse, dont l'accès est interdit aux hommes ! Et, si tu veux te fier à moi, seul je la suivrai au pied des autels ; alors, je n'aurai point à redouter que mes yeux ne me trompent !

Souvent, je m'en souviens, sous prétexte d'admirer ses perles ou son anneau, je lui touchai la main. Souvent je t'endormis dans le vin, tandis que, versant dans ma coupe, je buvais et triomphais de toi ! Je ne t'ai point offensé à dessein, pardonne-moi ma sincérité. C'est l'Amour qui l'ordonnait... Et qui donc oserait lutter contre les dieux? C'est moi, je n'aurai pas honte de dire la vérité, que poursuivait ton chien, la nuit entière. Qu'as-tu besoin d'une jeune épouse ? Si tu ne sais conserver ton bien, hélas ! ta porte aura vainement un verrou! Elle t'embrasse, mais elle soupire après les baisers de l'absent et simule soudain des maux de tête. Mais confie-la à ma garde ! je ne reculerai devant aucun mauvais traitement ; de mes pieds je ne secouerai pas les fers. Alors, vous vous tiendrez à distance, vous qui donnez vos soins à sa chevelure, vous qui laissez voir la poitrine sous les plis relâchés de votre toge !

Je ne sais, ma Délie, quels châtiments une auguste prêtesse a édictés contre toi. Et, cependant, si tu les mérites, je la supplie qu'ils soient légers ! En vérité, si je t'épargne, ce n'est pas pour toi, c'est pour ta mère qui me touche, pour la vénérable aïeule qui vainc toutes mes colères. C'est elle qui t'amène à moi dans les ténèbres ; qui, parmi beaucoup de crainte, en silence joint nos mains ; c'est elle qui, clouée à la porte, m'attend dans la nuit, et qui, de loin, me reconnaît au pas.

Vis longtemps pour moi, bonne vieille ! Je voudrais, si c'était possible, allonger ta vie avec la mienne. Toi, et, à cause de toi, ta fille, je vous aimerai toujours, quoi que fasse Délie, car elle est ton sang. Mais, du moins, apprends-lui à être chaste, bien que ses cheveux ne soient pas attachés par des bandelettes, ni ses pieds embarrassés dans une robe longue. Qu'elle m'impose les conditions les plus dures, qu'elle me griffe les yeux, si jamais je chante une autre qu'elle ! Et si elle me soupçonne seulement d'une faute, qu'on me traîne, même à tort, par les cheveux et balaye les rues avec mon visage !

Non, je n'oserai pas te frapper; mais si une telle colère me prenait, je souhaiterais de n'avoir pas de mains ! Et, pourtant, ne sois pas chaste par crainte des sévices ; mais qu'un mutuel amour fasse qu'en mon absence ton cœur me soit fidèle ! Celle qui n'a été fidèle à personne, vaincue par les ans, pauvre, tourne le fuseau de sa main déformée, recoud des trames serrées d'un doigt mercenaire ou peigne les blanches toisons. Les jeunes gens, en troupe joyeuse, la regardent et rappellent que sa vieillesse endure à juste titre des maux si cruels. Vénus, du haut de l'Olympe, voit couler ses larmes et proclame combien elle hait les infidèles !

Que ces malédictions retombent sur d'autres ; pour nous, ma Délie, soyons encore en cheveux blancs l'exemple de l'amour !

VI

CONSEILS A PHOLOÉ

Rappelle-toi, Pholoé, que tu ne dois pas te montrer dure à l'égard de ton jeune amant. Vénus punit ce genre de méfaits. Ne lui demande pas de présents. Que l'amoureux en cheveux blancs t'en fasse, afin que tu réchauffes contre ton sein charmant ses membres refroidis. Plus précieux que l'or est le jeune homme dont les joues brillent d'un doux éclat et dont la barbe sans rudesse ne répugne pas au baiser. Jette-lui tes bras blancs autour de la poitrine, et méprise toutes les richesses des rois ! Tandis que, dans son désir emporté, il cherchera à se confondre tendrement avec toi, Vénus te verra succomber furtivement à l'enfant, donner, dans l'entrechoquement des langues, d'humides baisers à sa bouche haletante, et imprimer sur son cou les traces de tes dents ! Ni les pierreries, ni les perles ne sauraient consoler celle qui, durant la froidure, s'endort seule et n'excite les désirs d'aucun homme. Hélas ! il est trop tard pour rappeler l'amour, trop tard pour rappeler la jeunesse, quand les années ont couronné la tête de cheveux blancs. Alors, on regrette sa beauté; alors, pour dissimuler son âge, on se teint la chevelure avec l'écorce de la noix verte. C'est l'heure où l'on met tous ses soins à s'arracher les cheveux blancs, à polir sa peau et à rajeunir son visage. Mais toi, tandis que fleurit ton printemps, profite du moment; c'est d'un pied léger qu'il passe !

VII

AUTREFOIS ET TOUJOURS

C'est parmi les troupeaux de bœufs, dit-on, que naquit l'Amour, parmi les troupeaux de brebis et de cavales indomptées. C'est là que, d'une main mal assurée, il essaya son arc. Hélas ! combien sa main est devenue habile depuis ! Ce ne sont plus les troupeaux qu'il attaque comme jadis : il cherche à percer de ses flèches les jeunes filles et à dompter le courage des hommes ; c'est lui qui ravit au jeune homme ses richesses ; c'est lui qui réduit le vieillard à prononcer, devant la porte d'une cruelle, des paroles dignes de mépris. Guidée par lui, la jeune fille passe furtivement à travers ses gardiens endormis, et seule, dans les ténèbres, court à son jeune amant. Son pied interroge la route ; sa main, qui tremble de crainte, tâtonne dans la nuit. Malheureux, ceux qui sentent tous les aiguillons de ce dieu ! Mais heureux, celui qui se laisse emporter doucement au souffle d'une passion sereine.

VIII

OFFRANDE A NÉÉRA

Nous voici aux joyeuses calendes du Mars romain ; là commençait l'année pour nos aïeux. De tous côtés, les présents circulent déjà, en grand appareil, par les rues et les foyers de la ville. Dites-moi, Piérides, quelle offrande je puis faire à Nééra, qui est mienne, ou, si je me trompe, qui me sera toujours chère.

Les belles se laissent prendre à la poésie, les avares à l'argent. Puisqu'elle en est digne, que Nééra reçoive mes vers ! Que mon livret blanc comme la neige soit enveloppé d'une couverture jaune dont la pierre ponce aura poli l'écorce fibreuse. Que le frontispice de la feuille légère porte, gravée, entre deux croissants peints, mon initiale révélatrice ; car c'est bien avec cet ornement que doit lui parvenir mon œuvre.

Par vous-mêmes, qui m'avez inspiré ces vers, par les ombrages de Castalie, par les sources de la Piérie, allez, je vous prie, jusqu'à sa demeure et lui donnez ce livre tel que je l'ai illustré ! Qu'aucune couleur ne s'en efface. C'est elle qui me répondra si notre amour est à l'unisson, si elle se lasse, ou si je suis tout à fait banni de son cœur. Mais, d'abord, gratifiez la jeune fille d'un long salut ; puis, d'une voix très soumise, dites-lui ces mots : « Voilà, chaste Nééra, ce que t'envoie celui qui fut ton amant et qui n'est plus que ton frère. Il te prie d'agréer cette légère offrande ; il jure que tu lui es plus chère que la moelle de ses os, soit comme épouse, soit comme sœur ! Mais sois plutôt son épouse ; l'espoir de te donner ce nom, il ne le perdra qu'après son trépas dans les pâles ondes du Léthé. »

IX

TOI SEULE !

Aucune femme ne m'arrachera à ta couche ; c'est la première condition à laquelle l'Amour nous a réunis. Tu es la seule qui me plaises ; après toi, il n'est plus dans Rome une jeune fille qui puisse charmer mes yeux. Et, plaise aux dieux ! qu'à moi seul tu paraisses belle, et laide à tous les autres ; alors, seulement, je serai tranquille ! Je n'ai nul besoin d'exciter l'envie ! Loin de moi cette gloriole vulgaire ! Que le sage se réjouisse au fond de son cœur ! C'est ainsi que je pourrais vivre heureux dans la solitude des bois, où nul chemin ne porte la trace d'un pied humain. C'est en toi que je trouve le repos de mes soucis ; tu es ma lumière dans les ténèbres; tu peuples toutes mes solitudes ! Le ciel peut maintenant envoyer une maîtresse à Tibulle, il l'enverra en vain ; Vénus même n'y ferait rien ! Je te le jure par Junon, que tu révères et qui est pour moi la plus grande des divinités. Mais que dis-je ? insensé ! Hélas ! hélas ! je livre ma sauvegarde ! J'ai fait un serment de fou ! Ta crainte me servait. Maintenant, tu seras forte; maintenant, tu me tourmenteras avec plus d'audace ; et c'est ma langue qui m'aura valu ces maux ! Mais je ferai tout ce que tu voudras ; je serai toujours à toi ; je ne m'échapperai pas des liens que m'impose ma maîtresse. Couvert de chaînes, je m'étendrai au pied des autels de l'auguste Vénus, qui flétrit l'injustice et accueille les prières.

LUCRÈCE

Comme philosophe, Lucrèce se rattache étroitement à l'école épicurienne ; comme chantre de l'amour, il est de la plus pure antiquité.

La philosophie épicurienne mettait, sans doute, le plaisir à la base de la morale ; mais elle le soumettait à des conditions si diverses, l'amendait avec une âpreté si rigoureuse, qu'il devint bien vite le succédané de la douleur. Quant à l'amour, si nous nous en rapportons à Lucrèce, il est, conformément à l'opinion des Anciens, une loi de la nature, noble, mais cruelle, sacrée dans son origine, mais redoutable dans ses conséquences.

Il est curieux de comparer les idées de Lucrèce et d'Ovide : celui-ci ne voyant dans l'amour qu'un plaisir charnel ; celui-là y reconnaissant une règle souveraine à qui ne sauraient se soustraire ni les animaux ni les hommes, et qui engendre, au milieu de la volupté, la mélancolie de l'idéal toujours poursuivi, jamais atteint.

Est-ce Lucrèce, est-ce Ovide qui fut le plus près de la vérité ? Qui donc oserait fournir la réponse ?

L'AMOUR

D'après le *De Natura Rerum.*

I

LA MÉLANCOLIE DE L'AMOUR

Les amants se flattent que le corps qui allume leur ardeur peut aussi l'éteindre, mais la nature s'y refuse. L'amour est la seule passion dont la jouissance stimule le désir en raison de sa répétition. Les aliments et les boissons se distribuent dans nos membres ; et, comme ils adhèrent à certaines parties de nous-mêmes, ils éteignent aisément la faim et la soif. Mais un beau corps, un teint brillant, n'envoient dans nos sens avides que des images sans consistance, qu'un espoir trompeur qui souvent s'emporte au vent.

Ainsi, pendant le sommeil, un homme dévoré par la soif cherche à se désaltérer, sans trouver une onde qui éteigne le feu de ses organes ; il s'obstine à poursuivre des ombres de fontaines, fait des efforts inutiles et meurt de soif au milieu des flots qu'il boit à grandes gorgées. De même, dans l'amour, Vénus joue les hommes, que la vue d'un corps ne saurait rassasier, et dont les mains incertaines caressent en vain des membres voluptueux dont rien ne peut s'abstraire.

Enfin, lorsque deux amants s'enlacent et jouissent de la fleur de leur âge, lorsque leur chair est dans l'attente du plaisir et que Vénus est sur le point de féconder le sein de la femme, ils joignent leurs corps étroitement, pressent leurs lèvres humides, heurtent leurs dents et confondent leurs haleines. En vain ! Rien ne passe de l'un à l'autre ; ils ne peuvent se pénétrer ; leurs corps restent séparés. Car il semble bien qu'ils veulent cela et s'efforcent d'y parvenir, tant ils se pressent dans leurs désirs amoureux, tandis que, dans la violence de la volupté, se résolvent leurs membres ébranlés.

Enfin, quand les nerfs se rompent et que le désir s'apaise, la violence de la passion fait trêve un instant ; mais déjà renaît la même rage, la même ardeur, car ils cherchent à atteindre le but auquel ils aspirent, et ils ne peuvent trouver le moyen d'obvier à ce malheur, et, dans leur impuissance, ils souffrent d'une blessure inconnue.

Joignez que les forces s'épuisent, qu'elles s'usent à la tâche; joignez que la vie s'écoule sous l'empire d'autrui, tandis que la fortune s'écroule et que les dettes s'accroissent. On néglige ses devoirs ; la renommée chancelle et se perd.

Le corps parfumé, les pieds élégamment enfouis dans la pourpre de Sicyone, d'énormes émeraudes aux feux verts enchâssés dans l'or, on porte sans répit des vêtements bleu-marine qui boivent la sueur amoureuse. Les richesses bien acquises des ancêtres se changent en ornements de tête et en bandelettes, deviennent parfois des vêtements de femme, des manteaux de Malte ou de Scio, se dissipent en parures, en festins, en jeux, en ripailles, en parfums, en couronnes, en guirlandes. Mais en vain, car de la source même des plaisirs surgit quelque chose d'amer qui nous mord jusque dans les pleurs, soit qu'au fond de sa conscience l'âme se reproche de perdre ses années dans la paresse et de mourir chaque jour, soit que notre maîtresse nous lance une parole équivoque, qui reste dans le cœur amoureux, où il brûle comme la flamme, soit enfin que nous lui voyions tourner les yeux de tous côtés, ou que nous nous imaginions qu'elle regarde un autre, ou que nous apercevions sur ses lèvres les traces d'un sourire.

Or, ce sont là les maux qui naissent d'un amour véritable et souverainement heureux! mais innombrables sont ceux qu'à l'œil nu tu peux découvrir dans un amour contrarié et misérable. Si bien qu'il faut, suivant mes conseils, veiller dès l'abord et prendre garde d'être pris au filet. Car éviter de tomber entre les griffes de l'amour est moins difficile que d'échapper aux mailles qui vous enserrent et de briser les nœuds puissants de Vénus.

II

LES ILLUSIONS DE L'AMOUR

Et pourtant, quoique pris au piège, tu pourrais éviter ta perte, si tu n'y courais toi-même, si, d'abord, tu ne fermais les yeux sur tous les défauts de l'âme et du corps de la femme que tu désires et que tu veux. En effet, c'est ainsi qu'agissent le plus souvent les hommes aveuglés par la passion, et qu'ils reconnaissent des perfections qui n'existent pas. Souvent nous voyons des femmes laides et vicieuses vivre dans les délices et jouir des plus beaux triomphes. Bien mieux! les hommes se moquent les uns des autres et se conseillent d'apaiser Vénus, qui les a affligés d'un amour dégradant; et ils ne voient pas, les malheureux! qu'ils sont victimes de maux souvent beaucoup plus grands. La noire est, à leurs yeux, fauve comme le miel; la malpropre et la dégoûtante, est une beauté négligée; la louche, la rivale de Pallas; la nerveuse et la décharnée, une biche sauvage; la petite ou la naine, l'une des Grâces et la distinction même; la grande ou l'énorme paraît pleine de majesté et de dignité; celle qui bégaye ou parle mal, a de la réserve; celle qui est muette, a de la pudeur; celle qui est coléreuse, jalouse, bavarde, est tout feu; celle qui se meurt de maigreur, est une nature délicate; celle qui, de par la toux, a déjà deux pieds dans la tombe, est une beauté languissante; celle qui a une gorge débordante, est Cérès, l'amante de Bacchus; la camuse, est voluptueuse et passionnée; la lippue invite au baiser!

Et il y en aurait pour longtemps si je voulais tout dire!

Mais admettons que son visage ait toutes les grâces

et qu'elle respire l'amour par tout son corps : il en est d'autres de l'espèce, et tu as su vivre jadis sans elle. Elle fait, hélas ! tout ce que nous savons des autres, elle s'incommode d'odeurs nauséabondes, qui mettent en fuite ses servantes et provoquent leur hilarité discrète.

Cependant l'amoureux éconduit vient souvent en larmes orner le seuil de fleurs et de guirlandes, répandre des parfums sur les chambranles dédaigneux et coller, dans son malheur, des baisers sur la porte. Si on le reçoit et si une seule odeur offense ses narines, vite il cherche un honnête prétexte pour s'esquiver ; ses plaintes éloquentes, longtemps méditées, s'envolent ; et il se reproche d'avoir, dans sa folie, imaginé des perfections qu'on ne saurait rencontrer chez une mortelle.

Nos belles ne s'y trompent pas ; aussi ont-elles grand soin de masquer ces coulisses de la vie à ceux qu'elles veulent retenir dans le filet de l'amour ; mais en vain ! par la pensée nous savons dévoiler tous ces mystères et pénétrer tous les secrets. Or, si la femme est d'une humeur accommodante et facile, elle nous permettra, à son tour, de céder aux besoins de l'humanité.

III

L'HÉRÉDITÉ

La femme qui ne pousse pas toujours des soupirs simulés, est celle qui embrasse le corps de l'homme, le serre étroitement contre elle, et, d'une lèvre humide, boit ses baisers ; car souvent son ardeur est sincère, et, poursuivant une volupté réciproque, elle sollicite l'homme à fournir la carrière de l'amour. Et si les oiseaux, les fauves, les brebis, le gros bétail, les juments se soumettent aux saillies des mâles, c'est que la nature généreuse brûle les femelles de la même ardeur et les invite à provoquer les assauts de l'amour.

D'ailleurs, ne voit-on pas souvent ceux qu'une volupté réciproque a joints souffrir dans leur chaîne commune ? Dans les carrefours, les chiens ne cherchent-ils pas, dans leur envie de se disjoindre, à briser violemment le lien qui les retient ? Jamais ils ne se fussent enchaînés, s'ils n'avaient connu le plaisir mutuel, qui devait les faire tomber dans le piège et les lier l'un à l'autre.

Quand, se livrant à l'homme, la femme, dans le spasme suprême, a sollicité et pompé la semence génératrice, les enfants ressemblent au père ou à la mère, suivant que la semence de l'un ou de l'autre l'emporte. Mais ceux qui tiennent des deux et reproduisent leurs traits, proviennent de l'heureux mélange des deux sangs : les semences, éveillées par le plaisir, se sont rencontrées dans une ardeur commune ; ni l'un ni l'autre ne l'a emporté.

Il arrive aussi que les enfants ressemblent à leurs grands-parents, et qu'ils reproduisent même les traits d'ascendants plus reculés, car les parents renferment souvent dans leurs organes, et sous des formes diverses, un grand nombre de principes, qui, partis de la souche initiale, se transmettent de génération en génération.

C'est ainsi que l'amour varie indéfiniment les figures, reproduit les traits, la voix, la chevelure des ancêtres ; car ces différentes parties de notre individu sont formées par des germes fixes, ainsi que le visage, le corps et les membres. La semence de l'homme est pour quelque chose dans la production du sexe féminin, et de même la semence de la femme influe sur le sexe masculin.

Toujours, en effet, l'enfant provient d'une double semence ; mais il ressemble avant tout à celui des deux époux qui a fourni le plus de principes, si bien qu'il est facile de voir si l'enfant est d'abord la progéniture du père ou celle de la mère.

IV

LA STÉRILITÉ

Ce ne sont pas les dieux qui refusent à certains hommes la semence génératrice, qui les empêchent de recevoir d'aimables enfants le nom de père, et condamnent leur existence à des amours stériles, comme le croient beaucoup d'époux, qui, dans leur tristesse, arrosent de sang les autels et chargent de présents les sanctuaires, pour arriver par un flux abondant à féconder leurs épouses. C'est en vain qu'ils importunent les dieux et les oracles. En effet, certaines femmes demeurent réfractaires à une semence trop épaisse, d'autres à une semence fluide à l'excès. Trop fluide, la semence n'adhère point à l'organe, se résout vite en eau et reflue en arrière ; trop épaisse, elle demeure agglomérée plus qu'il ne faut et ne se projette pas avec une force suffisante ; si bien qu'elle ne parvient pas à se frayer un passage, ou, lorsqu'elle y réussit, à se mêler aisément à la semence de la femme.

En vérité, les corrélations de l'amour sont d'espèces fort différentes. Il est des hommes qui fécondent plus facilement certaines femmes ; il est des femmes qui reçoivent mieux certains hommes et en deviennent enceintes. Beaucoup de femmes sont demeurées stériles sous plusieurs hymens, qui joignent pourtant un époux qui les féconde et les enrichit doucement d'une nombreuse famille. De même, des époux à qui bien des femmes infécondes ont refusé la paternité, finissent par en trouver une qui s'harmonise avec eux et leur donne des soutiens pour leur vieillesse : tant il importe que les semences convenablement assorties se mélangent l'une à l'autre, les épaisses aux fluides, les fluides aux épaisses, afin que dans leurs rapports amoureux se rencontrent l'homme et la femme !

Il importe encore qu'on s'observe sur la qualité des aliments. Il en est qui épaississent la semence, d'autres qui l'allongent et la dissolvent. D'une importance égale est la manière de provoquer le spasme du plaisir ; en effet, on croit communément que les rapprochements suivant la façon des animaux de tout genre font le mieux concevoir les femmes, parce que dans cette attitude, le buste en contre-bas et les reins soulevés, permettent mieux aux organes de la femme de retenir le fluide générateur.

Point n'est besoin, toutefois, que la femme imprime à son organe des mouvements lascifs ; car elle met un obstacle à sa fécondation ou l'entrave totalement, si, d'une croupe emportée, elle retarde le plaisir de l'homme pour provoquer enfin un flux immodéré qui l'épuise. En effet, elle arrache de la sorte le soc du véritable sillon et détourne de son but le jet de la semence. Ce sont les courtisanes qui ont l'habitude de s'agiter ainsi, afin d'échapper aux grossesses fréquentes et de ne pas s'immobiliser, et aussi pour rendre aux amants la volupté plus entière : nos épouses, semble-t-il, n'ont pas besoin de ces pratiques.

Parfois, sans le secours de la divinité, sans les flèches de Vénus, la femme la plus difforme se fait aimer. Grâce à sa manière d'agir, à sa complaisance, aux soins qu'elle prodigue à son corps, elle habitue facilement un homme à couler son existence près d'elle. Puis l'habitude fait naître l'amour. Car des coups réitérés, quoique faibles, triomphent à la fin d'un amant et le séduisent. N'est-ce pas ainsi qu'on voit les gouttes de la pluie, qui tombent sur un rocher, en amollir à la longue la dureté ?

PROPERCE

Parce qu'il fut un homme de génie, on chercha à le salir. Oublions les injures que les jaloux prodiguèrent à sa mémoire, et ne nous souvenons que du poète merveilleux, qui fut, avec Ovide, le type le plus parfait de l'amoureux et de l'amant.

C'est un enchantement que cette contradiction perpétuelle entre deux élégies successives du divin Properce. Ce chantre de Cynthie ment toujours, parce que toujours il est sincère. Tandis qu'il adore sa jalouse déesse, qu'il le lui dit et le croit, il s'oublie dans les bras d'une autre à qui il répète, sans le savoir, les vers adressés à la belle Cynthie.

Mais qu'il chante son infidèle amie ou qu'il s'endorme sous les lentes caresses d'une rivale de passage, c'est avec une mélancolie qui tombe d'en haut, qui monte de la nature, qu'il raconte les voluptés de sa chair et les rêves de son imagination.

Properce ne vécut que dans l'amour et par l'amour. Toute l'existence se ramène, pour lui, au baiser de deux lèvres roses et aux flammes d'un grand œil noir. Il est voluptueux par tous les sens, il l'est surtout par cette imagination dorée dont les rêves aux vagues contours constituèrent toute la trame de ses années.

LES ÉLÉGIES DE PROPERCE

I

REPROCHES DE CYNTHIE

Je me traînais, ralenti par les fumées d'un vin copieux, tandis que les torches des esclaves chassaient les ténèbres devant moi; mais je n'avais pas perdu complètement l'usage de mes sens. Je montai doucement dans le lit où dormait Cynthie, dans l'espoir de la posséder. Bien qu'une double ardeur m'embrasât et que je fusse poussé par deux dieux, aussi terribles l'un que l'autre, l'Amour et le Vin, à glisser mon bras sous les flancs de ma maîtresse, à lui ravir un baiser et à commencer le combat, je n'osai troubler son repos, connaissant par expérience ses reproches et ses colères. Mais mes yeux restaient fixés sur les siens comme ceux d'Argus sur les cornes trompeuses d'Io.

Tantôt, je détachais de mon front une couronne que je posais sur tes tempes, ô ma Cynthie; tantôt je m'amusais à rajuster ta chevelure en désordre; tantôt je plaçais furtivement des fruits dans tes mains demi-fermées; mais toutes les offrandes que je te faisais, durant ton sommeil ingrat, roulaient trop souvent sur la pente de ta gorge !

Quand, parfois, dans un mouvement, tu poussais un léger soupir, j'avais peur et songeais à de vains présages ; je craignais que des rêves ne te causassent des terreurs inaccoutumées ou que quelqu'un ne voulût te prendre de force !

Enfin la lune, passant devant les diverses fenêtres, la lune, trop tardive à répandre sa lumière, souleva de ses rayons légers ses paupières volontairement closes.

Mollement appuyée sur sa couche, elle dit :

« C'est ainsi que tu reviens à mon lit, une autre t'ayant honteusement fermé la porte au nez ! Car, où as-tu passé les longues heures d'une nuit qui m'était due?

« Hélas ! tu me reviens sans forces, au coucher des étoiles !

« Oh ! puisses-tu, mauvais drôle, passer des nuits comme toutes celles que tu me fais passer sans répit ! Je trompais le sommeil en filant la pourpre, et si la fatigue me prenait, je me distrayais aux sons de la lyre. Parfois, dans mon abandon, je me plaignais amèrement des retards trop fréquents que t'imposait un nouvel amour. Cependant le sommeil de son aile divine me repoussa sur ma couche, et ce fut la fin de mes larmes ! »

II

PROPERCE SERA FIDÈLE A SA MAITRESSE

Pourquoi, Bassus, me vanter tant de jeunes filles et me pousser à changer de maîtresse? Pourquoi ne pas souffrir que ma vie, quelle qu'en soit l'échéance, se passe dans un esclavage auquel je suis fait depuis longtemps? Entonne, si tu veux, des louanges en l'honneur de la beauté d'Antiope, fille de Nyctéus, et d'Hélène, la Spartiate, et de toutes celles que vit naître l'époque des belles femmes : Cynthie les éclipsera toutes! Et, si on la compare à des beautés moins célèbres, quel juge sera assez dur pour la faire rougir de son infériorité ?

Mais cette beauté est pour peu de chose dans ma passion; il est d'autres qualités, ô Bassus, qui me font me complaire dans ma folie : son teint sans fard, tant d'arts qu'elle cultive avec honneur, les charmes secrets que cache un manteau discret! Plus tu cherches à briser nos amours, plus la foi que nous nous sommes jurée déjoue tes calculs! Mais tu en seras puni! la jeune fille connaîtra tes projets insensés, et ce n'est pas en traîtresse qu'elle te fera la guerre.

Dorénavant Cynthie ne me confiera à toi, ni ne te recherchera; elle se souviendra d'un si grand crime, et, dans sa colère, elle te dénoncera à toutes ses compagnes. Hélas! aucune porte ne te sera ouverte.

Il n'est point d'autel, point de pierre consacrée, telle qu'il s'en rencontre partout, qu'elle n'arrosera de ses larmes. Le plus grand malheur qui puisse tomber sur Cynthie c'est de voir le dieu s'éloigner d'elle, de cesser d'être aimée, de moi surtout !

Qu'elle reste toujours ainsi, je l'en supplie ! Et puissé-je ne jamais trouver en elle aucun sujet de plainte !

III

PROPERCE DÉCONSEILLE A GALLUS D'AIMER CYNTHIE

Cesse enfin, ô jaloux, tes plaintes importunes, et laisse-nous courir tous deux notre route commune. Que veux-tu, insensé ? éprouver mes tourments ?

Malheureux ! tu as hâte de connaître mes pires infortunes, de traverser, dans ta misère, des feux inconnus, et de goûter à tous les poisons de la Thessalie ! Cynthie ne ressemble pas aux autres jeunes filles, elle ne saura pas te haïr mollement. Si, d'aventure, elle n'était point sourde à tes vœux, combien de soucis ne te donnerait-elle pas ! Elle ne te laisserait ni le sommeil, ni les yeux. Elle seule sait enchaîner le cœur des plus farouches. Que de fois, repoussé de son seuil, n'accourras-tu pas auprès de moi, alors que tes bravades finiront en sanglots, que tes gémissements lamentables s'achèveront dans un frisson, qu'en vain tu chercheras des mots pour te plaindre, que tu ne sauras, dans ton infortune, ni qui tu es, ni où tu te trouves !

Tu apprendras alors à tes dépens combien est dur l'esclavage de ma maîtresse, et comment on s'en va d'une porte qu'on vous ferme au nez. Alors, tu ne t'étonneras plus si souvent de ma pâleur, ni de la raison qui réduit mon corps à rien !

D'ailleurs, ta noblesse ne servira pas ta passion ; l'amour ne sait point sacrifier à des portraits d'ancêtres. Que si tu laisses apercevoir la moindre trace de ta faute, bientôt on se moquera de ton nom glorieux ! Et moi, qui ne sais aucun remède à mon propre mal, je ne pourrai, malgré tes prières, te consoler du tien ! mais, également malheureux, notre commune passion nous forcera à épancher nos larmes dans le sein l'un de l'autre. Cesse donc, ô Gallus, de vouloir apprendre ce que peut ma Cynthie ; elle ne répond pas impunément à nos vœux !

IV

SOYEZ L'ESCLAVE DE VOTRE MAITRESSE

Oh ! l'heureuse nuit où, moi, le confident de vos larmes, j'assistai à votre premier baiser ! O nuit ! dont je me souviens avec tant de plaisir et que je redemanderai souvent de tous mes vœux !

Ta maîtresse, ô Gallus, te serrait mourant dans ses bras, et tu ne parlais plus que par mots entrecoupés. Le sommeil pressait mes paupières alourdies et la lune brillait au zénith, et pourtant je ne pouvais m'éloigner de vos jeux, tant il y avait de feu dans les paroles que vous échangiez !

Mais puisque tu n'a pas craint de te confier à moi, reçois la récompense du plaisir que tu m'as causé. Non seulement j'ai su taire vos douleurs, mai j'ai encore, mon cher ami, quelque chose qui l'emporte sur la discrétion : je puis rapprocher deux amants qui se séparent et entr'ouvrir la porte tardive d'une maîtresse ; je puis encore guérir la blessure récente d'un amant, et mes paroles ne produisent pas un mince effet. Cynthie m'a toujours enseigné ce qu'il fallait demander et ce qu'il y avait lieu d'éviter ; l'Amour a fait le reste.

Prends garde de lutter contre la mauvaise humeur de ta maîtresse, de lui parler avec hauteur, de garder un silence prolongé, de refuser ses demandes d'un air déplaisant, de laisser passer le mot bienveillant qu'elle te dit. Si tu la méprises, elle te reviendra irritée, et, dans son dépit, elle n'oubliera pas de justes menaces.

Mais plus tu seras humble et soumis à l'amour, plus fréquemment tu jouiras de ses douceurs réelles. Celui-là seul, qui, le cœur toujours épris, ignore la liberté, pourra être constamment heureux avec la même femme !

V

L'AMOUR VAUT MIEUX QUE TOUS LES TRÉSORS

L'amour ne le cède pas aux plus grands trésors. En effet, quand Cynthie m'accorde une nuit longuement désirée ou qu'elle passe avec moi un jour entier dans de complaisantes caresses, toutes les eaux du Pactole coulent sous mon toit et la mer Rouge y roule ses pierres précieuses ; ma joie l'emporte sur la félicité des rois, et je souhaite qu'elle dure jusqu'au jour que me fixent les destins.

Qui donc, si l'Amour lui est contraire, peut jouir de ses trésors ? Point de bonheur pour moi, si Vénus me fait grise mine ! C'est elle qui brise le courage des héros les plus grands, et qui éveille le chagrin dans les cœurs les plus farouches. Elle ne craint pas, Tullus, de franchir un seuil de marbre, de se glisser dans un lit de pourpre, de tourmenter sur sa couche un malheureux jeune homme. A quoi bon la soie que relèvent des dessins de tout genre ? Pour peu que Vénus me soit propice, je n'hésiterai pas à mépriser les trônes et les présents d'Alcinoüs !

VI

A LA PORTE DE MA MAITRESSE

O porte, plus cruelle que ta maîtresse même, pourquoi demeures-tu close et muette sous tes lourds verroux ? Pourquoi ne t'ouvres-tu jamais à mon amour ? Ne sais-tu pas te faire l'écho de mes timides prières ? N'y aura-t-il aucun terme à ma douleur, et, sur ton seuil attiédi, me faut-il dormir mon triste sommeil ? C'est là que la nuit au milieu de sa course, et les étoiles à leur déclin, et l'Aurore au souffle glacé s'attristent de me trouver allongé. Seule, indifférente aux douleurs humaines, tu restes sans me répondre, muette sur tes gonds silencieux.

Oh ! si ma voix dolente, se glissant à travers une fente, pouvait frapper les oreilles de ma maîtresse ! Bien qu'elle soit plus insensible que les rochers de la Sicile, plus dure que le fer, l'acier, elle ne pourrait retenir ses larmes, et, malgré elle, des soupirs lui échapperaient avec ses pleurs ! Maintenant elle dort, appuyée sur la poitrine d'un plus heureux que moi, tandis que le vent de la nuit emporte mes plaintes.

C'est toi la seule, la cause indubitable de ma douleur ; ô porte que mes présents n'ont pu vaincre jamais ! T'ai-je, un jour, blessée par des écarts de cette langue, qui a coutume de s'oublier dans la colère, pour que tu permettes que je m'essouffle à te crier ma plainte et à passer dans un carrefour des nuits de chagrin et d'insomnie ? Au contraire, souvent j'ai composé pour toi des poèmes nouveaux, et imprimé sur tes marches des baisers brûlants. Que de fois, perfide, ne me suis-je pas tourné vers toi, te portant d'une main furtive les offrandes qui te sont dues !

VII

CYNTHIE FUT BELLE, MAIS CYNTHIE FUT VOLAGE !

Il est donc vrai, Cynthie, que tu es la fable de Rome, et que ta triste conduite n'est un mystère pour personne ! Devais-je m'attendre à cela ? Je t'en punirai, perfide ! J'aurai mon jour, tôt ou tard ! Parmi tant de femmes trompeuses, j'en rencontrerai bien une, qui voudra que je la fasse connaître par mes vers, qui sera moins dure à mon égard, et qui te piquera au vif.

Mais tes larmes viendront trop tard, ô toi que j'adorai si longtemps !

Ma colère est récente ; c'est le moment de fuir ! Si mon dépit s'éloigne, je le sais, l'amour reviendra. Non, les flots de la mer ne se soulèvent pas au souffle de l'aquilon, les vents capricieux du midi ne balayent pas les sombres nuages avec autant de facilité qu'un amant se transforme à la voix de sa maîtresse ! Tandis qu'il en est temps, secouons de notre nuque un joug odieux.

Certes, j'en souffrirai quelque peu, mais la première nuit seulement !

En amour, tout mal est léger, quand on a de l'énergie.

Mais toi, Cynthie, au nom des douces lois de la divine Junon, aie pitié de ton âme, évite de te nuire à toi-même ! Ce n'est pas seulement le taureau qui, de ses cornes recourbées, frappe son ennemi ; la brebis elle-même se révolte contre la main qui la blesse. Pourtant je n'irai pas arracher les vêtements de ton corps perfide, ni ne briserai, dans ma colère, les verrous de ta porte, ni ne te saisirai, furieux, par les boucles de ta chevelure, ni n'oserai te fouetter durement de verges. Se livrer à des violences aussi honteuses est l'affaire d'un rustaud dont le front ne fut pas ceint de lierre. J'écrirai simplement, et ta vie entière ne l'effacera pas : *Cynthie fut belle, mais Cynthie fut volage!* Crois-moi, malgré ton mépris pour les murmures de la renommée, ce vers, ô Cynthie, te fera pâlir !

VIII

SUR L'AMOUR

Quel que soit l'homme qui représenta l'Amour sous les traits d'un enfant, ne crois-tu pas qu'il eut une main divine? Le premier, il vit que les amants menaient une vie déraisonnable et qu'ils sacrifiaient aux plus futiles soins les biens les plus solides. Ce n'est pas en vain qu'il octroya à ce dieu un cœur humain ; en effet, nous sommes ballottés sur une onde mobile, et tout souffle nous force à changer de place. Il eut aussi raison d'armer sa main de flèches barbelées et d'orner ses épaules d'un carquois ; car il frappe son ennemi sans qu'il s'y attende, et nul ne se guérit de ses blessures.

Dans mon cœur demeurent fixées ses flèches ; dans mon esprit, son image enfantine. Mais, hélas ! il a perdu ses ailes, car jamais il ne songe à s'envoler loin de moi, car il reste attaché à mes chairs et me fait une guerre sans fin.

Quel plaisir as-tu à tenir un corps rongé jusqu'aux moelles? S'il te reste quelque pudeur, lance tes flèches à un autre. Mieux vaut-il essayer tes poisons sur des victimes intactes. Ce n'est pas moi, c'est une ombre vaine que tu tourmentes ; si tu l'anéantis, qui donc chantera ta victoire ? Ma Muse légère fait toute ta gloire ; elle chante le front, les doigts, les yeux noirs de ma maîtresse et sa marche voluptueusement cadencée.

IX

QUAND JE MOURRAI

Donc lorsque la mort viendra clore mes yeux, apprends, Cynthie, comment tu célébreras mes funérailles. Je ne veux ni qu'une longue file d'images prolonge mon convoi, ni que la trompette déplore mon trépas par de vaines plaintes, ni qu'on appuie mon lit funèbre sur des pieds d'ivoire, ni que mon cadavre soit étendu sur des coussins de prix. Loin de moi, alors, tous ces récipients disposés avec ordre et remplis de parfums ! Fais-moi simplement les funérailles d'un pauvre plébéien. Il suffira, oui, il suffira amplement que mon cortège soit formé par mes trois livres d'élégies, la plus riche offrande que je puisse faire à Proserpine.

Mais toi, Cynthie, tu me suivras, le sein nu et meurtri ; tu ne te lasseras pas de répéter mon nom, tu déposeras un suprême baiser sur mes lèvres glacées, quand on apportera la coupe d'onyx remplie des parfums de Syrie. Puis, quand la flamme du bûcher m'aura réduit en cendres, qu'une petite urne reçoive mes mânes, que sur ma tombe étroite on plante un laurier qui la recouvrira de son ombre; qu'on y inscrive ces deux vers :

Celui qui, maintenant, gît là, triste poussière,
Fut jadis l'esclave d'un seul amour !

Et toi aussi, quand tu succomberas au destin, souviens-toi de ma route, et viens, toute blanche, vers ma tombe. Jusque-là, garde-toi de mépriser ma cendre : les morts ont conscience de ce qui se passe sur terre.

Oh ! pourquoi donc l'une des Parques ne m'a-t-elle ravi le jour dès mon berceau ! Car à quoi bon une existence qui doit aboutir à cette heure fatale !

Toi, cependant, ma Cynthie, tu pleureras parfois ton ami perdu ; il est permis d'aimer toujours l'amant qui n'est plus ! témoin, celle qui vit son pâle Adonis frappé, sur les monts d'Idalie, par le sanglier qu'il chassait. Là, dit-on, ô Vénus, tu pleuras près d'un lac enchanteur ; là, tu courus les cheveux en désordre ! Mais c'est en vain, ma Cynthie, que tu appelleras mes mânes muets ; car, que pourront te répondre mes os réduits en poussière ?

X

PROPERCE RACONTE SES PLAISIRS

O félicité ! ô nuit charmante ! ô lit, témoin fortuné de mes plaisirs ! Que de mots échangés à la clarté de la lampe ! Quel combat quand nous l'eûmes éteinte !

Tantôt Cynthie luttait avec moi, la gorge nue; tantôt elle me lutinait, la tunique fermée. C'est elle qui, d'un baiser, me rouvrait les yeux appesantis par le sommeil, et qui me disait : « Paresseux, est-ce ainsi que l'on dort ? » Comme nos bras s'entrelaçaient de mille façons ! Comme mes baisers s'attardaient longuement sur ses lèvres !

Les jeux de l'amour perdent leur valeur dans l'obscurité ; dans la passion, ce sont les yeux qui guident nos baisers incertains. Pâris lui-même, dit-on, s'éprit follement d'Hélène, lorsqu'il la vit surgir toute nue de la couche de Ménélas. C'est encore dans sa nudité qu'Endymion charma la sœur d'Apollon, et c'est dans ses bras nus que le reçut la déesse ! Donc si tu t'obstines à coucher habillée, tu apprendras comment mes mains savent lacérer un vêtement. Bien mieux, si tu pousses ma colère à bout, tu montreras à ta mère les marques de tes bras !

Ta gorge qui se tient droite ne s'oppose pas encore à mes larcins ; qu'elle se cache chez celles qui furent mères déjà ! Tandis que le permettent les destins, que nos yeux se rassasient d'amour ! Voici venir une nuit éternelle, qui n'aura point d'aurore ! Oh ! si tu voulais nous lier l'un à l'autre par une chaîne que le temps ne put rompre jamais ! Prends exemple sur les tourterelles qui s'unissent dans l'amour et que tient liés, mâle et femelle, un éternel hymen !

C'est se tromper que de chercher le terme d'un amour follement passionné : le véritable amour ne connaît pas de bornes. La terre refusera de donner ses fruits au laboureur, le soleil conduira le char de la nuit, les fleuves remonteront vers leurs sources, les poissons périront sur le fond desséché de la mer ; mais jamais mon cœur ne s'enflammera pour une autre !

Dans la vie et dans la mort je serai à Cynthie ! Si elle consentait à passer encore avec moi de semblables nuits, une année d'existence serait trop longue ; si elle me les donne en grand nombre, je deviendrai immortel ; car une seule nuit peut d'un homme faire un dieu !

Si nous ne souhaitions que de couler une pareille existence, que de nous étendre, les membres engourdis par le vin, il n'y aurait plus de fer meurtrier, ni de combat naval ! Quant à moi, la postérité pourra, certes, me louer à juste titre de n'avoir jamais, dans mes festins, offensé les dieux. Mais toi, ô ma Cynthie, tandis que tu le peux, ne renonce pas aux plaisirs de l'existence. Donnerais-tu tous tes baisers, que ce serait encore peu ! Car, semblables aux feuilles qui tombent d'une couronne fanée et qu'on voit flotter sur la coupe des festins, nous verrons peut-être, nous qui rêvons des amours sans bornes, notre carrière s'achever demain.

XI

ENCORE ET TOUJOURS !

Pourquoi pleures-tu plus amèrement que Briséis séparée de son amant ?

Qu'on m'enchaîne les bras avec des anneaux d'airain, ou qu'on m'enferme dans la prison de Danaé, pour aller à toi, ô ma vie, je briserai des chaînes d'airain, je franchirai les portes de fer de Danaé ! Mes oreilles sont sourdes à tout ce que l'on me dit de toi ; mais toi, ne doute jamais de ma sincérité. J'en jure par les ossements de mon père et de ma mère ! si je mens, que leurs cendres retombent sur moi ! Je te serai fidèle, ô ma Cynthie, jusqu'à mon dernier souffle ; et fidèles l'un à l'autre, le même jour nous emportera tous deux.

Si j'arrivais à oublier ton nom et ta beauté, je demeurerais ton esclave, parce que tu fus pour moi la plus douce des maîtresses. Sept fois déjà la lune a parcouru son cycle, depuis que nous faisons tous deux l'objet de toutes les conversations. En attendant, ta porte, souvent, s'est ouverte doucement pour moi, et souvent j'ai monté sur ta couche, sans que des cadeaux eussent acheté une de ces nuits fortunées. Quoi que je sois, c'est à ton amour que je le dois. Alors que tant d'autres te recherchaient, c'est moi seul que tu choisis. Comment pourrais-je ne pas me souvenir de tes faveurs ?

Non, ne m'honore pas de lettres suppliantes ; à la fin, mon amour sera ce qu'il fut au commencement. Du moins, on me rendra éternellement cette justice que, seul de tous les amants, je ne me parjure pas vite, ni ne m'éprends au hasard !

XII

L'AMOUR RENAIT DE LUI-MÊME

Hier, tu le sais, mon ami, plusieurs belles eurent un charme égal pour moi ; tu le sais, cher Démophon, combien je le payai cher. Je ne saurais mettre impunément le pied sur une place publique, et quel danger pour moi que les théâtres !

Tu demandes, Démophon, pourquoi je suis si faible auprès de toutes les femmes ; mais aucun amour ne pourrait t'en fournir une réponse. Pourquoi celui-ci se déchire-t-il les bras de son couteau sacré ? Pourquoi en arrive-t-il à se mutiler comme un fou, au son de la flûte phrygienne ? A chaque être la nature donna son faible, à moi le destin commanda d'aimer toujours !

Pourtant, si tu me trouves les membres amaigris, tu te trompes ; jamais le culte de Vénus ne fut fatigant pour moi ! Tu peux t'en informer : souvent ma maîtresse s'est rendu compte que mes caresses se soutiennent toute une nuit. L'amour ne s'arrache pas ses propres forces !

Vois comme le ciel s'éclaire, tantôt du soleil, tantôt de la lune : comment donc une seule maîtresse pourrait-elle me suffire ? Si l'une, parfois, me refuse une place dans son lit, qu'une autre me retienne et me caresse de ses doigts enamourés ! Si elle s'est montrée colère contre mon messager, qu'elle sache qu'une autre ne demande qu'à se donner à moi ! En effet, deux ancres retiennent mieux un navire, et avec moins d'anxiété une mère veille sur deux enfants.

Tu es dure, ô femme ? refuse-moi ! Tu n'es plus dure ? accepte-moi ! A quoi bon dire des paroles sans poids ? Entre toutes les douleurs, la plus amère pour un amant, c'est de voir sa maîtresse tromper son espoir ! Que de soupirs il pousse sur sa couche solitaire, lorsqu'il songe qu'elle reçoit un rival qu'elle ne connaît même pas. Vingt fois il pose à son esclave les mêmes questions ; vingt fois il demande ce qu'il craint d'apprendre !

XIII

SUR LES FEMMES

Moi, qui aurais dû fuir la route battue par un vulgaire ignorant, je trouve douce, maintenant, l'eau d'un marais ! C'est un homme de naissance qui fait des présents à l'esclave d'un autre, pour qu'il lui rapporte la réponse promise de sa maîtresse ; c'est lui qui demande mille fois sous quel portique elle s'abrite, à cette heure ; sur quelle place elle se promène ! Puis, quand on a enduré les travaux que la fable attribue à Hercule, afin qu'elle daigne vous écrire, quel fruit en retire-t-on ? De pouvoir contempler le visage rébarbatif d'un gardien, d'être pris et réduit, souvent, à se réfugier dans une cachette immonde ! Que c'est payer cher une seule nuit dans une année entière ! Ah ! malheur à qui aime se heurter à une porte fermée !

Au contraire, je préfère la femme qui s'en vient, libre, le voile rejeté en arrière, sans gardiens, sans crainte, qui se salit souvent les pieds dans la boue de la Voie Sacrée, mais n'oppose aucune résistance à qui veut la joindre. Jamais elle ne remet au lendemain ; jamais, d'une voix traîtresse, elle ne demande ce qu'un père avare pleure souvent de voir dissiper. Elle ne dit pas : « J'ai peur ! lève-toi vite, je t'en prie ! Malheureux ! mon mari revient aujourd'hui de la campagne ! »

Éprenons-nous des femmes que nous envoient l'Euphrate et l'Oronte ! Je ne veux pas des larcins d'une chaste couche, où jamais les amants ne se sentent libres ! Vouloir aimer, c'est renoncer à la liberté.

XIV

LES VRAIS INDICES DE L'AMOUR

Douce me fut la querelle que tu me fis dans la soirée d'hier. Oh ! ces éclats de voix, cette folie, ces malédictions, quand, échauffée par le vin, tu repousses la table et me lances, d'une main égarée, des coupes encore pleines ! Soit ! saisis-moi hardiment par les cheveux ; de tes jolis ongles griffe-moi le visage ; menace-moi de me brûler les yeux ; arrache mes vêtements et mets-moi la poitrine à nu ! Ce sont là de merveilleuses marques d'amour ; car, sans une violente passion, une femme ne s'emporte jamais !

Quand une femme lance des injures avec fureur, et qu'elle se roule aux pieds de la puissante Vénus ; quand elle s'en vient, entourée d'une bande de gardiens, ou qu'elle traverse les rues comme une Ménade en furie ; quand des songes insensés la troublent souvent ou la terrifient ; quand elle s'émeut au seul portrait d'une jeune fille, je devine aisément les troubles de son âme ; fréquemment je constatai ces marques d'un sincère amour.

Il n'est point de fidélité réelle qui ne se traduise en injures ! Je souhaite à mes ennemis des maîtresses sans colère ! Mais que mes rivaux comptent mes blessures aux morsures de mon cou ! que ma pâleur leur révèle que j'ai possédé ma maîtresse ! En amour, je veux me plaindre ou entendre des plaintes, répandre des larmes ou en voir répandre à la femme ! Oui, je hais le sommeil que ne scandent jamais les soupirs ! Toujours je voudrais pâlir dans les bras d'une maîtresse irritée !

Sans cesse, je serai en guerre avec toi ou avec mes rivaux à propos de toi : la paix entre nous ne saurait me plaire, ô ma Cynthie ! Réjouis-toi de n'avoir point d'égale en beauté : tu en souffrirais, s'il s'en rencontrait une; mais, aujourd'hui, tu peux t'enorgueillir à bon droit !

XV

LA FÊTE DE CYNTHIE

Pourquoi, me demandais-je avec étonnement, les Muses sont-elles venues s'asseoir à mon chevet, au rose lever du soleil ? Elles m'annonçaient l'anniversaire de la naissance de ma maîtresse, et trois fois leurs mains firent entendre des applaudissements de bon augure.

Que ce jour passe sans nuages, que les vents se taisent dans le ciel, que les flots meurent doucement sur le rivage ! Puissé-je ne voir en ce jour aucune douleur !

Que Niobé, changée en pierre, arrête ses larmes ; que l'alcyon suspende ses plaintes et arrête ses cris; que Procné ne gémisse pas sur la perte d'Itys !

Et toi, ma bien-aimée, qui naquis sous d'heureux présages, lève-toi et adresse aux dieux le salut qui leur est dû ! Mais d'abord chasse le sommeil avec une eau pure, et, d'un doigt diligent, mets en ordre tes beaux cheveux.

Puis, revêts la robe avec laquelle tu charmas pour la première fois les yeux de ton Properce, et n'oublie pas les fleurs sur ta tête. Enfin, demande aux dieux qu'ils te conservent à jamais la beauté dont tu es si fière, et que toujours ma tête plie sous ton joug !

Quand l'encens aura fumé sur les autels ornés de guirlandes, et que ta maison entière se sera éclairée d'une flamme propice, que la table soit dressée, que la nuit se passe en festins, et que des vases d'albâtre montent à nos narines les parfums de la myrrhe et du safran ! Que la flûte fatiguée refuse d'accompagner les danses de la nuit ! Que la licence t'inspire d'aimables propos, que des mets délicats dissipent un ingrat sommeil, et que dans tout le voisinage retentisse notre joie ! Que les dés nous disent encore notre destinée, et qui de nous a le mieux reçu les flèches de l'amour ! Et lorsque de longues heures se seront écoulées ainsi, Vénus, à son tour, nous invitera aux divines voluptés de la nuit ; nous célébrerons sur notre couche cette fête annuelle, et achèverons dans le plaisir le jour où tu reçus la naissance !

XVI

L'INCONTINENCE DES FEMMES

Combien de fois ne m'as-tu pas objecté notre incontinence ! Crois-moi, elle vous gouverne bien davantage. Vous, lorsque vous avez enfreint et méprisé les lois de la pudeur, vous ne savez plus opposer de frein à votre âme emportée. La flamme s'arrêterait au milieu des épis dont elle fait sa proie, les fleuves retourneraient à leur source, avant qu'on pût arrêter vos passions ou briser l'aiguillon de votre prompte dépravation. Témoin Pasiphaé qui, pour s'unir au taureau crétois, prit la forme trompeuse d'une génisse ! O vous, jeunes filles, brûlez d'une flamme plus heureuse !

XVII

CONSEILS DE LA CORRUPTRICE ACANTHIS A CYNTHIE

Si tu désires l'or qui constelle les rivages de l'Orient ou le coquillage dont s'enorgueillit la mer de Tyr, dédaigne la constance, méprise les dieux, aime le mensonge, viole les lois d'une pudeur dangereuse. Feindre un mari, c'est gagner en valeur. Aie recours à tous les prétextes ; une nuit ajournée rend l'amour plus prompt à la rescousse.

Si, d'aventure, un homme a dérangé ta chevelure dans une colère provoquée à propos, fais-lui acheter la paix à prix d'argent. Quand, enfin, il t'aura payé tes baisers et que tu lui auras promis de l'amour, prétexte les fêtes de la chaste Isis !

Ton amant s'agenouille en suppliant près de toi ? Écris quoi que ce soit sur tes tablettes ; si l'artifice le fait trembler, tu le tiens ! Aie toujours quelque trace de morsure récente sur le cou, qu'il croira provenir d'une lutte amoureuse. Mais ne te complais jamais dans la poursuite honteuse d'une Médée, qui ne craignit pas de supplier la première et d'être repoussée.

Préfère les procédés de la Thaïs de Ménandre, de cette courtisanne qui trompait, d'une façon si adroite, jusqu'aux valets gètes. Adopte les mœurs de ton amant ! S'il chante, accompagne-le et mets tes accents en harmonie avec sa voix avinée !

Que ton portier ouvre aux prodigues ; qu'il fasse la sourde oreille aux pauvres, et dorme sur les verrous poussés ! Ne fais la difficile ni avec un soldat inhabile à l'amour, ni avec un matelot aux mains calleuses, s'ils t'apportent de l'argent ; ni avec l'esclave barbare, qui porte un écriteau pendu à son cou et court, les pieds blanchis, à travers le Forum.

Considère l'or, et non pas la main qui te l'offre. Que sont les vers qu'on te lit ? des paroles creuses !

Un amant te donne un poème, sans y joindre les présents de Cos ? reste sourde à une lyre qui sent la misère !

Tandis que tu jouis du printemps et que ta jeunesse ignore les rides, profite de la circonstance, de crainte que le jour de demain n'enlève quelque chose à ta beauté. J'ai vu la rose de Pestum, éclatante et parfumée, se faner, dès l'aube, au souffle du Notus !

XVIII

LA REVANCHE

Un élégant attelage avait conduit Cynthie à Lanuvium : le prétexte en fut Junon ; mais la raison véritable, Vénus. O voie Appia, dis-moi, je te prie, à quel triomphe tu as assisté, à quelle course échevelée sur tes pavés, à quelle scène honteuse au fond d'une taverne mystérieuse ! Si je ne m'y trouvai pas, du moins mon nom y fut fortement sali ! Elle s'est donnée en spectacle, penchée sur le timon et poussant audacieusement ses bêtes à travers les endroits les plus immondes.

Comme on répétait trop souvent pareille injure à ma couche, je résolus de lever le camp et de changer de lit. Sur l'Aventin, près du temple de Diane, est une certaine Phyllis qui ne plaît guère à jeun, mais qui est excellente dans l'ivresse. Il en est une autre, Téïa, qui habite dans le bois de la roche tarpéienne ; elle est fort avenante, et, quand elle est grise, ce n'est pas un homme seul qui lui suffit. Je leur fis signe, résolu d'adoucir ma nuit et de réveiller mes sens par des plaisirs nouveaux.

Une seule petite couchette pour nous trois était dressée à l'écart sur le gazon. Vous voulez savoir comment nous nous allongeâmes? Je me suis mis entre les deux femmes. Lygdamus veillait au vin, qu'on servait dans un service d'été en cristal, et qui venait en droite ligne de l'exquise Méthymne. Un Nilote jouait de la flûte, Phyllis des castagnettes, et les roses pleuvaient de toute part sur nous. Enfin un nain, tassé sur ses membres raccourcis, agitait ses mains empâtées au son des instruments.

Cependant les lampes sans huile ne répandaient qu'une lumière incertaine : de plus, la table se renversa les pieds en l'air. En outre, interrogeant les dés sur mes amours, je ne rencontrai pas un coup favorable. Mes femmes chantaient pour un sourd, et mettaient leur poitrine à nu pour un aveugle. J'étais seul, hélas ! aux portes de Lanuvium !

Soudain ma porte grince sur ses gonds, et j'entends un bruit léger sur le seuil. Bientôt, repoussant les battants, Cynthie paraît, les cheveux en désordre et dans une colère peu ordinaire. Mes doigts s'ouvrent, ma coupe roule à terre, mes lèvres pâlissent sous le vin qui les humectent. Ses yeux lancent des flammes, elle gronde comme une femme; le spectacle vaut celui d'une ville prise.

De ses ongles, elle griffe furieusement le visage de Phyllis, tandis que Téïa crie au feu ! Les voisins endormis se réveillent, font de la lumière, et, au milieu de la nuit, se répandent tumultueusement dans la rue. Mes femmes, les cheveux au vent et leurs vêtements débraillés, se jettent dans la première taverne venue d'une rue obscure. Cynthie se réjouit au milieu des épaves, se retourne, victorieuse, contre moi, me laboure le visage de ses doigts méchants, me griffe le cou, me mord et cherche d'abord à me crever les yeux, qui ont péché les premiers. Lorsque ses bras sont las de taper sur moi, elle se jette sur Lygdamus caché dans la ruelle du lit, et qui implore à genoux ma protection. Mon pauvre Lygdamus, j'étais impuissant ; on m'avait pincé comme toi !

A ce moment, d'un geste suppliant, je demandai à traiter. Cynthie me permit à peine de me jeter à ses pieds, et dit : « Si tu veux que je te pardonne ta faute, écoute d'abord la loi que je t'impose. Jamais tu ne te promèneras en grande toilette au portique de Pompée, jamais aux jeux licencieux du Forum. Garde-toi de tourner la tête et de jeter un regard oblique vers le haut du théâtre ou de t'arrêter auprès d'une litière entr'ouverte. Quant à Lygdamus, qui est d'abord la cause de ma plainte, qu'il soit vendu et qu'il traîne à ses pieds une double chaîne ! » Cynthie avait formulé la loi ; moi, je répondis que je m'y conformerais. Toute glorieuse, elle souriait de mon obéissance.

Ensuite, elle purifie tous les endroits qu'avaient effleurés les deux femmes et d'une eau pure lave le seuil. Elle m'ordonne de changer tous mes vêtements et me touche trois fois la tête avec du soufre enflammé. Après avoir changé de lit nous cimentons la paix et nous rendons les armes sur l'oreiller.

MARTIAL

Martial fut incontestablement un poète. Malheureusement, il fut aussi un parasite, et, ce qui est pire, un plat flatteur de l'infâme Domitien.

A une autre époque et dans d'autres circonstances, le poète de Bilbilis eût été un Ovide ou un Tibulle. Pour vivre, lui qui était né paresseux et rêveur, il flatta les puissants et les riches. Et, pour mieux flatter, il fut souvent réduit à s'attaquer à l'honneur des hommes et à la vertu des femmes. Et pourtant ce fut une femme, la douce et riche Marcella, qui le sauva à un moment où il n'avait plus rien à espérer de la vie. C'est d'elle qu'il put dire avec sincérité : « Enfin, ma femme est bonne et tranquille ; elle m'aime, elle admire mon esprit et elle écoute mes vers ! »

Marcella apparut trop tard dans la vie du poète.

ÉPIGRAMMES

Gemellus désire épouser Maranilla ; il brûle, il supplie, il insiste, il fait des présents. — Cette femme est donc bien belle? — Au contraire, il n'est rien de plus hideux! — Qu'est-ce donc qui le charme en elle et l'attire si fort? — Elle tousse!

Chaste, et ne le cédant en rien aux antiques Sabines, Lévina l'emportait même en sévérité sur son austère mari. Depuis qu'elle se permet tantôt les bains du Lucrin, tantôt ceux de l'Averne, depuis qu'elle goûte à chaque instant les délices des eaux de Baïes, elle brûle de tous les feux, et abandonnant son époux, elle suit un jeune amant. Arrivée Pénélope, elle s'en retourna Hélène!

J'ai écrit à Névia: elle ne m'a point répondu: donc, elle ne se donnera pas. Mais je pense qu'elle aura lu ma lettre, donc, elle se donnera.

Je veux une maîtresse de condition libre; mais si c'est impossible, une affranchie me suffira; à son défaut, une esclave fera mon affaire. Mais cette esclave, je la préférerais aux deux autres, si sa beauté lui tenait lieu de condition libre.

En quelque lieu que tu arrives, on croirait que Cosmus vient d'y émigrer, et que toutes ses essences s'échappent de leurs flacons renversés. Ne te complais donc point, ô Gellia, dans l'usage de ces frivolités étrangères. A ce compte, tu sais bien que mon chien aussi pourrait sentir bon.

Fabullus, Bassa, ta maîtresse a toujours auprès d'elle un enfant qu'elle appelle son joujou et ses délices. Le plus curieux est qu'elle n'aime pas les enfants. — Alors, pourquoi le fait-elle? — Bassa est sujette aux vents!

Quand, par hasard, Gellia, tu m'envoies un lièvre, tu me dis : « Marcus, tu seras beau pendant sept jours ! » Si ce n'est point une dérision, si tu dis vrai, ô lumière de ma vie, jamais tu n'as mangé de lièvre !

Bassa, tu te dis belle, tu te dis vierge. — Bassa dit toujours ce qu'elle n'est pas !

CATULLE

Si Catulle n'égala ni Tibulle ni Properce, du moins il leur montra la route où ils devaient tous deux rencontrer à la fois les beaux vers et les sentiments tendres.

Quand écrivit Catulle, Rome venait de s'enrichir des dépouilles des peuples vaincus, mais elle était rude, peu ouverte aux arts, particulièrement à la poésie. D'une civilisation primitive, où le luxe tenait lieu de grandeur artistique, la capitale de l'empire avait besoin de se créer un idéal nouveau et ce fut Catulle qui lui ouvrit la voie vers la beauté et le naturel.

Infidèle par tempérament, voluptueux comme poète, Catulle s'attacha cependant d'un amour profond à Lesbie, qu'il chanta comme Properce chantera sa Cynthie et Tibulle sa Nééra.

CATULLE ET LESBIE

I

Vivons pour nous aimer, ô ma Lesbie ! et faisons peu de cas des murmures de la vieillesse jalouse. Le jour peut tomber et renaître ; mais nous, lorsqu'une fois s'est éteinte la flamme éphémère de notre vie, nous dormirons tous un sommeil éternel ! Donc donne-moi mille baisers, puis cent, puis mille encore, puis cent nouveaux ; et quand nous en aurons échangé des milliers, nous en brouillerons le compte afin de ne plus nous y reconnaître et que les méchants, incapables de faire l'addition de tant de baisers, ne jalousent pas notre bonheur !

II

Pauvre Catulle, cesse de divaguer et ne cherche pas à ressusciter ce qui est mort. Jadis de beaux jours brillaient pour toi, alors que tu accourais à tant de rendez-vous où t'appelait une jeune beauté, plus aimée de toi que nulle ne le sera jamais. C'était l'époque de tous vos joyeux ébats, et Lesbie te servait au gré de tes désirs. En vérité ! de beaux jours brillaient pour toi. Mais déjà Lesbie se refuse. N'y pouvant rien, cesse toi-même de la désirer ! A quoi bon poursuivre qui te fuit ? Ne vis pas comme un malheureux ! D'une âme forte, supporte, endure ton ennui ! Adieu donc, ô ma bien-aimée ! Déjà Catulle s'endurcit, il ne poursuivra plus, il ne sollicitera plus une rebelle ! Toi aussi tu souffriras quand, ô perfide, ta couche restera solitaire la nuit. Quelle existence t'est réservée ? Qui donc te recherchera désormais ? Pour qui seras-tu belle ? Qui t'aimera ? Quel sera ton amant ? A qui tes baisers ? Quelles lèvres mordilleras-tu ?... Mais toi, Catulle, puisqu'il le faut, endurcis ton âme !

III

Aucune femme ne peut se dire aussi tendrement aimée que tu l'as été de moi, ô Lesbie ! Jamais la foi d'un traité ne fut plus fidèlement gardée que ne le sont par moi nos serments d'amour. Mais ta faute a si bien tourmenté mon âme, elle l'a si bien perdue dans son zèle pieux que, deviendrais-tu la plus honnête des femmes, je ne pourrais te rendre mon estime, ni cesser de t'aimer si tu commettais tous les crimes !

IV

J'aime et je hais ! — Comment est-ce possible ? me diras-tu peut-être. — Je l'ignore ; mais je le sens et c'est un supplice pour moi.

V

Lesbie médit de moi toujours ; elle ne tarit pas sur mon compte. Que je meure si Lesbie ne m'aime pas ! — La preuve ? — C'est que moi-même je la maudis de même journellement ; pourtant, que je meure si je ne l'aime pas !

VI

Si quelque événement inespéré vient un jour combler les vœux et les désirs d'un homme, le bonheur qui inonde son âme est sans limites. Or, ma félicité maintenant m'est plus précieuse que l'or ; car, ô ma Lesbie, tu es rendue à mon amour ! Oui, tu m'es rendue, oui, tu es revenue à celui qui n'osait plus croire à tant de bonheur ! O jour heureux entre tous ! Qui donc pourrait comparer sa félicité à la mienne ? Qui possède au même titre que moi ce qui fait chérir la vie ?

VII

Tu me promets, ô ma vie, que les doux liens de notre amour seront éternels ! Grands dieux ! faites que sa promesse soit sincère, et que son cœur soit de moitié dans les serments de ses lèvres, afin que les nœuds sacrés qui nous unissent durent jusqu'à la fin de nos jours !

HORACE

Il n'est, sous aucun rapport, comparable à Martial. Fils d'affranchi, il n'a pas honte de son origine. Obligé de Mécène et d'Auguste, il ne courbe pas la tête, ni ne se livre à des flagorneries déshonorantes. Amnistié par l'empereur, il chante la liberté. Amoureux, il fustige la femme, mais ne la traîne pas dans la boue. D'ailleurs, il est volage et serait mal venu de se plaindre.

S'il est lâche sur le champ de bataille, il ne l'est pas quand il s'agit d'exprimer ses pensées écrites. A défaut de courage militaire, il a le courage civique et littéraire.

Horace est un épicurien, venu trop tard dans un monde trop vieux. Cependant il ne prend du plaisir que la partie qui ne trouble à fond ni les sens ni l'esprit. C'est un sage, en même temps qu'un poète. Son aurea mediocritas *est l'expression poétique de son idéal humain.*

ODES

A PYRRHA

Quel est l'aimable adolescent qui, doucement étendu sur ce lit de roses, et parfumé d'essences odoriférantes, te presse, ô Pyrrha, dans l'ombre de cette grotte délicieuse ? Pour qui relèves-tu ta blonde chevelure, sans souci de ta parure ?

Hélas ! que de fois ne va-t-il pas pleurer ta trahison et la versatilité des dieux ! Avec quel étonnement il verra les vagues soulevées par les noirs autans ! lui qui, maintenant, jouit, dans sa crédulité, de tes paroles dorées ; lui qui t'espère toujours fidèle, toujours aimante, et ne croit pas aux sautes du vent.

Malheur à ceux qu'a séduits ta candeur ! Pour moi un tableau votif, suspendu aux murs sacrés du temple du puissant dieu des mers, atteste que j'y ai déposé mes vêtements humides du naufrage.

A LYDIE

Quand tu loues, ô Lydie, le visage de rose de Télèphe et ses bras de neige, hélas ! une âcre bile gonfle mon foie embrasé. Alors mon esprit s'égare et je change de couleur ; la sueur coule sur mes joues, révélant de quels feux lents je suis intérieurement consumé.

Je brûle de colère, soit que tes blanches épaules rapportent la marque honteuse des luttes du vin et de l'orgie ; soit que ton jeune amant ait, dans sa passion, imprimé sur tes lèvres la marque durable de ses dents.

Non, Lydie, si tu veux bien m'écouter, tu n'attendras pas une constance éternelle d'un homme dont les baisers déchirent ces douces lèvres que Vénus humecta de la quintessence de son nectar.

Oh ! trois fois heureux, et plus, les amants que lie une chaîne indissoluble, et dont l'amour, à l'abri de querelles insensées, ne sera rompu qu'à leur dernier jour !

A LYDÉ

Que ferais-je de préférence en ce jour consacré à Neptune ? Sémillante Lydé, tire le Cécube de sa prison et fais violence à la sagesse morose. Tu vois, le midi penche vers son déclin ; et, comme si le jour s'arrêtait dans son vol, tu tardes à tirer du grenier l'amphore qui date du consulat de Bibulus.

Nous chanterons tour à tour Neptune et la chevelure glauque des Néréides. Toi, tu célébreras sur ta lyre recourbée et Latone, et les flèches ailées de Cynthie. Notre dernier chant sera pour la déesse qui règne à Cnide sur les brillantes Cyclades, et qui visite Paphos sur son char attelé de cygnes. Puis nous chanterons la nuit comme il convient !

A LYCÉ

Les dieux, Lycé, ont exaucé mes vœux ; les dieux, Lycé, m'ont entendu ! Te voilà vieille, et pourtant tu veux paraître belle, et tu folâtres, et tu bois sans pudeur, et ta voix chevrotante implore, dans l'ivresse, Cupidon lent à venir ; mais il s'attarde sur les joues vermeilles de l'ardente Chias, dont les doigts habiles font résonner les cordes de la lyre.

L'inexorable Cupidon passe, dans son vol, devant les chênes que le temps a dépouillés de leur parure ; c'est ainsi qu'il te fuit, car tes dents n'ont plus de blancheur, car tes joues sont tristement sillonnées de rides, car il a neigé sur ta tête !

Non ! ni la pourpre de Cos, ni les pierreries qui te sont chères, ne te rendront tout ce que le temps vorace a enseveli dans nos fastes !

HORACE.

VIRGILE

Nous croyons de notre devoir de remettre sous les yeux de nos lecteurs les traits caractéristiques de l'amour de Didon et d'Énée, de la reine de Carthage surtout. Le quatrième livre de l'Enéide *est, en effet, le chef-d'œuvre du genre. Sans doute, tout le monde a lu ce livre merveilleux où se révèle avec le plus d'ampleur le génie mélancolique du Cygne de Mantoue ; mais il était bon de le relire, du point de vue surtout où nous nous sommes placés pour étudier l'antiquité gréco-latine.*

On a dit souvent que Virgile était exclusivement un caractère doux et un poète des passions moyennes. Le quatrième livre de l'Enéide *montre qu'il était capable de comprendre et d'exprimer l'amour violent et l'énergie du plus redoutable, en même temps que du plus consolant des sentiments.*

A titre de curiosité, et sans vouloir accuser Virgile d'une passion dégradante, nous publions la bucolique intitulée Alexis, *et celle, franchement avouable, qui porte le titre de* Gallus. *Elles complètent la pensée du poète et le montrent sous le double aspect sous lequel la postérité le devra considérer. Pour Didon et l'églogue à Gallus, nous avons emprunté la traduction de l'abbé des Fontaines.*

DIDON

I

La malheureuse Didon ne cesse de brûler. Insensée elle erre çà et là dans les rues de sa nouvelle ville. Telle une biche, surprise dans les forêts de Crète par un berger armé de flèches qui la poursuit, et qui l'a blessée de loin sans le savoir, fuit au travers des bois et porte partout le trait qui lui perce le flanc. Tantôt la reine conduit Énée sur les remparts et lui fait remarquer les ouvrages presque achevés ; tantôt elle lui étale toutes les richesses apportées de Tyr. Elle veut lui ouvrir son cœur et commence un discours, qu'aussitôt elle interrompt. Le soir elle l'invite à un repas semblable à celui de la veille.

Elle désire follement qu'il lui fasse encore le récit des malheurs de la guerre de Troie, et elle écoute avec avidité tout ce qu'il lui raconte. Lorsque le coucher de la lune et des étoiles invite au sommeil, et qu'Énée avec les Troyens s'est retiré, seule dans son appartement, elle se couche sur le lit où il a été assis : absent, elle l'entend, elle le voit. Quelquefois elle embrasse tendrement le jeune Ascagne, image de l'objet qui l'a séduite. Elle tâche enfin de tromper son coupable amour. Les tours commencées ne s'élèvent plus ; la jeunesse ne s'exerce plus aux armes ; les travaux ont cessé, soit au port, soit aux remparts. Tous les ouvrages sont suspendus, et ces machines énormes, qui touchent le ciel, demeurent oisives sur les murailles.

II

L'aurore commençait à quitter le sein de l'Océan, et l'étoile du matin à se montrer, quand l'élite de la jeunesse de Carthage sortit des portes de la ville. Les cavaliers massyliens accoururent, avec la meute, les toiles, les épieux garnis d'un large fer, et les autres instruments de la chasse. Tandis que les seigneurs phéniciens, à la porte du Palais, attendent que leur Reine sorte de son appartement, son superbe coursier, sur lequel brille un harnais d'or et une housse de pourpre mord fièrement son frein qu'il couvre d'écume. Enfin elle paraît environnée d'une cour nombreuse. Son mantelet d'une étoffe de Tyr est bordé d'une riche broderie. Un carquois doré flotte sur ses épaules. Ses cheveux tressés sont entrelacés de fils d'or, et une boule de pareil métal tient retroussée sa robe de pourpre. Les seigneurs phrygiens, et le jeune Ascagne, transporté de joie, forment son escorte. Énée, qui les efface tous par sa bonne mine, se joint à cette nombreuse troupe. Tel Apollon quitte la froide Lycie, et les rives du Xante, pour se rendre à Délos, lieu de sa naissance. Les peuples dansent à son arrivée ; les Crétois, les Driopes, les Agathyrses, qui se peignent le corps, se rassemblent autour de ses autels. Le Dieu se promène sur la cime du mont Cyrithus, couronné d'une légère branche de laurier : ses longs cheveux bouclés sont noués d'un cordon d'or, et ses épaules sont chargées d'un bruyant carquois.

Le Prince troyen n'a ni moins de dignité, ni moins de grâces.

III

Alors le ciel commence à retentir d'un bruit affreux : suit un déluge de pluie et de grêle : les torrents roulent à grands flots. Les Tyriens et les Troyens fuient de toutes parts, et la frayeur leur fait chercher des asiles. Didon et le Prince troyen se retirent dans la même grotte. Aussitôt la Terre et Junon donnent le signal. Les célestes feux éclairent leurs amours, et servent de flambeau à leur hymen, tandis que le sommet de la montagne retentit des hurlements des Nymphes. Jour funeste, qui fut le premier jour infortuné de la Reine et la première cause de son malheureux sort. Ni la bienséance, ni l'honneur ne la retient plus. Ce n'est plus un amour secret qu'elle se propose de cacher; c'est pour elle un hyménée, qui sert d'excuse à sa faiblesse.

IV

Déjà l'aurore, sortant du lit de Tithon, répandait sur la terre une lumière naissante, lorsque Didon aperçut de ses fenêtres la flotte d'Énée en mer, et le rivage désert, que les Troyens venaient d'abandonner. A cette vue, la fureur la saisit : elle frappe son beau sein de mille coups, et arrache ses blonds cheveux : « Grand Jupiter, s'écrie-t-elle, le traître est parti ! Un étranger m'aura donc ainsi outragée dans ma cour, et mes sujets ne me vengeront pas ? On ne prendra pas les armes et on ne s'efforcera pas d'arrêter la flotte fugitive? Tyriens, armez-vous, déployez les voiles, ramez avec ardeur, allez brûler ses vaisseaux. Que dis-je ? Où suis-je ? Quelle fureur trouble mes esprits ? Malheureuse Didon, tu sens maintenant toute la cruauté de ton sort. Il fallait le prévoir lorsque tu reçus Énée et que tu l'associas à ton empire. Voilà donc le prix de ta main et de ta foi ; voilà cet homme pieux, qui transporte, dit-on, les Dieux de sa patrie et qui chargea sur ses épaules son père accablé du poids des années. Le parjure ! Pourquoi l'ai-je laissé partir ? Il m'échappe ! Que ne l'ai-je fait mettre en pièces et précipiter dans les flots ? Que n'ai-je fait massacrer tous les Troyens et égorger Ascagne même ? Que n'ai-je de ses membres déchirés fait à son père un festin barbare ? L'entreprise était périlleuse : mais résolue de mourir, qu'avais-je à craindre ? J'aurais brûlé toute la flotte troyenne ! J'aurais immolé le père et le fils : tous auraient péri et moi-même après eux ! »

V

Ainsi parle Didon dans sa fureur. Son âme troublée roule en même temps mille projets : elle cherche le moyen le plus prompt de se délivrer d'une vie odieuse. Elle appelle Barcé, nourrice de Sichée, son époux : car la sienne avait été depuis longtemps inhumée dans sa patrie. « Barcé, lui dit-elle, fais venir ici Anne ma sœur ; mais dis-lui qu'elle aille auparavant et sans différer se laver dans une eau pure ; qu'elle vienne ensuite avec les victimes que la prêtresse a ordonnées, et avec tout ce qui est nécessaire pour les expiations. Toi, Barcé, ne manque pas de te trouver aussi au sacrifice que je vais faire au Dieu des Enfers, et aie soin de ceindre ta tête d'une bandelette sacrée. Je veux finir toutes mes inquiétudes, en mettant moi-même le feu au bûcher qui doit consumer tout ce qui me reste du chef des Troyens. » La vieille Barcé se hâta d'exécuter ses ordres.

Cependant la reine, effrayée de l'horrible dessein qu'elle a conçu, le visage pâle, les yeux rouges et égarés, les joues tremblantes et livides, marche brusquement vers l'endroit le plus reculé de son palais. Furieuse, elle monte sur le bûcher et tire du fourreau l'épée de son amant, présent destiné pour d'autres usages. A la vue de cette épée, des habits du prince et du lit conjugal, elle réfléchit un moment et suspend ses pleurs. Puis elle se jette sur le lit et telles furent ses dernières paroles : « Chers gages d'un tendre amour, tant que le ciel l'a permis recevez mon âme et délivrez-moi de mes peines. J'ai vécu, j'ai rempli ma carrière au gré du sort, et mon ombre descendra aux Enfers avec quelque gloire.

J'ai bâti une superbe ville ; j'ai vu ses murs s'élever ; j'ai vengé la mort de mon époux ; j'ai puni son assassin. Heureuse, hélas, trop heureuse, si la flotte troyenne n'eût jamais approché ces bords ! » Ensuite collant son visage sur le lit, elle s'écrie : « Faut-il mourir sans être vengée ? Oui, mourons, c'est ainsi qu'il me faut descendre chez les morts. Que le cruel voie du haut de sa poupe la flamme qui va me consumer : qu'il en repaisse ses yeux barbares, emporte avec lui ce funeste présage ! »

A ces mots, ses femmes la virent tomber ; elles virent l'épée teinte de sang entre ses mains mourantes.

ALEXIS

Le berger Corydon aimait avec ardeur, mais sans espoir de retour, le bel Alexis, les délices de son maître. Chaque jour, il s'en venait sous les hêtres à la frondaison épaisse ; et là, en proie à son mortel souci, il jetait sa plainte solitaire aux montagnes et aux forêts.

« O cruel Alexis, tu dédaignes donc mes chants ? Tu n'as aucune pitié de moi ? A la fin tu me feras mourir ! Voici l'heure où les troupeaux cherchent l'ombre et la fraîcheur, l'heure où les lézards se cachent sous les buissons, où Thestylis broie pour les moissonneurs accablés des feux du jour, l'ail, le serpolet, les herbes odorantes ; et, tandis que je suis tes pas, dans l'ardeur du soleil, les cigales mêlent à ma voix leurs crissements stridents. Ne m'eût-il pas été moins dur de supporter les tristes rebuffades et les dédains superbes d'Amaryllis ? ou de m'attacher à Ménalque, quoiqu'il soit brun, et que tu sois blanc ? O bel enfant, ne te fie pas trop à ta blancheur. Les blancs troènes s'effeuillent aux champs, tandis que l'on cueille les sombres violettes. Tu me méprises, Alexis, et tu ne te demandes ni qui je suis, ni combien je suis riche en troupeaux, ni combien je trais de lait neigeux. Mille brebis qui m'appartiennent errent sur les montagnes de la Sicile ; ni l'hiver, ni l'été, je ne manque de lait nouveau. Je chante les airs que, sur le mont Aracynthe, chantait Amphion pour rassembler ses troupeaux. D'ailleurs, je ne suis pas laid : l'autre jour je me suis miré dans l'onde, lorsque la mer était calme ; or, si ce miroir est fidèle, je ne craindrai pas de le disputer à Daphnis et de te prendre pour juge.

Ah ! daigne seulement habiter avec moi ces campagnes sauvages, léger sous cet humble toit, poursuivre les cerfs et mener mes troupeaux brouter la mauve. Tu imiteras comme je fais le dieu Pan, en faisant retentir les bois de tes chansons. Pan, le premier, enseigna à joindre ensemble plusieurs chalumeaux avec de la cire. Il protège les brebris et les bergers. Ne crains pas de blesser tes lèvres délicates avec nos pipeaux. Que ne faisait point Amyntas, pour apprendre les airs que je sais jouer ! J'ai une flûte à sept tuyaux d'inégale longueur, dont jadis Damétas m'a fait présent. En mourant, il me dit : « Corydon, tu en es le second maître. » Ainsi parla Damétas : Amyntas l'a follement enviée. En outre, j'ai trouvé au fond d'un périlleux ravin deux petits chevreuils tachetés de blanc, qui épuisent chaque jour le lait de deux brebis. Je les garde pour toi. Il y a quelque temps déjà que Thestilis me presse de les lui donner : elle les aura, puisque tu dédaignes mes présents.

Viens donc, bel enfant : voici que les Nymphes te présentent des corbeilles de fleurs ; une blanche Naïade t'offre des violettes frêles et des pavots éclatants, des narcisses et des fleurs d'anet au parfum délicieux ; elle te compose encore un bouquet de romarin, d'hyacinthes et de soucis. Quant à moi, je te choisirai des pommes de coing couvertes d'un tendre duvet et les châtaignes que mon Amaryllis aimait tant. J'y ajouterai des prunes jaunes comme la cire ; car je veux que ce fruit soit aussi à l'honneur. Et vous, lauriers, et toi, myrrhe, leur voisine, vous dont les odeurs mariées exhalent un si doux parfum, je vous cueillerai de même.

Mais tu es un rustre, Corydon, et Alexis n'a nul souci de tes présents, et si tu voulais le gagner par des présents, Iollas l'emporterait sur toi ! Ah ! malheureux que je suis ! qu'ai-je dit ? Dans ma folie, j'ai déchaîné sur mes fleurs les souffles de l'Auster, et j'ai lancé le sanglier dans les claires fontaines ! Et pourtant qui fuis-tu, insensé ? Les dieux eux-mêmes et Pâris, le descendant de Dardanus, ont habité les forêts. Que Pallas s'enferme dans la ville qu'elle a fondée ; pour nous, préférons les bois à tout autre séjour. La fauve lionne poursuit le loup, le loup la chèvre, la chèvre le cytise en fleurs ; mais c'est toi que poursuit Corydon, ô Alexis ! Chacun a son penchant qui l'entraîne. Vois ces bœufs qui ramènent le soc suspendu au joug et ce soleil dont la chute allonge les ombres croissantes : cependant je brûle d'amour. Est-il d'ailleurs un frein pour l'amour ?

Ah ! Corydon, Corydon, quelle folie s'est emparée de toi ! Ta vigne mariée à l'ormeau feuillu n'est qu'à demi-taillée. Que ne prépares-tu au moins quelque ouvrage utile, tissu d'osier ou d'un jonc flexible ? Tu en trouveras un autre, si cet Alexis te dédaigne !

GALLUS

Aréthuse, inspire-moi encore dans ce dernier ouvrage. Il faut que je fasse quelques vers pour mon ami Gallus; mais des vers qui soient lus de Lycoris. Peut-on refuser des vers à Gallus ? Ainsi puisse votre onde, coulant sous les flots de la mer de Sicile, ne se mêler jamais avec l'onde amie de Doris. Commencez, et tandis que mes chèvres broutent les arbrisseaux, chantons les malheureuses amours de Gallus. Nos chants seront entendus : les échos de ces bois répètent tous les chants.

Dans quelles forêts ou au milieu de quels buissons, étiez-vous, Naïades, lorsque Gallus brûlait d'un indigne amour ? Car vous n'étiez alors arrêtées, ni sur le Parnasse, ni sur le Pinde, ni sur les bords de la fontaine Aganippé. Les lauriers et les bruyères déplorèrent son sort. Le mont Ménale couronné de pins, et les rochers du froid Lycée, furent touchés, lorsqu'ils virent ce malheureux berger étendu dans une grotte solitaire, entouré de ses tristes brebis, car elles prennent part aux maux de leurs bergers.

Divin poète, ne dédaigne pas le nom de berger : le charmant Adonis a fait paître des troupeaux le long des fleuves.

Tous les pasteurs de la contrée s'assemblèrent alors autour de toi. Ménalque, qui venait de cueillir du gland dans les bois accourut tout mouillé. Tous demandèrent pourquoi cet étrange amour ? Apollon s'approcha et te dit : « Gallus, d'où vient que tu te livres à une passion insensée ? Lycoris, objet de ta flamme et de ta douleur, suit ton rival à travers les neiges et au milieu des redoutables camps. » Sylvain, la tête couronnée de feuillage, et les mains chargées de lys et de tiges fleuries, vint à son tour. Nous vîmes Pan, dieu de l'Arcadie, venir enfin le visage barbouillé du jus de l'hièble et de vermillon. « Quelle sera, dit-il, la fin de tes regrets ? L'amour s'en met peu en peine. Le cruel amour ne se rassasie point de larmes, non plus que les prairies d'eau, les abeilles de cytise, et les chèvres de feuillage. »

Alors le triste Gallus : « Arcadiens, dit-il, vous ferez retentir ces montagnes du récit de ma disgrâce : seuls, les Arcadiens savent chanter. Oh ! que nos os reposeront mollement dans le tombeau, si votre flûte chante un jour mes amours ! Que n'ai-je toujours vécu parmi vous ! Que n'ai-je, comme vous, conduit des troupeaux dans la plaine, ou vendangé des raisins mûrs ? Soit que j'eusse brûlé pour Phyllis, soit que j'eusse aimé Amyntas (qu'importe, en effet, qu'Amyntas ait le teint bruni ? Les violettes et les hyacinthes ne sont-elles pas de cette couleur)? L'objet de nos amours, quel qu'il fût, serait couché près de moi parmi les saules et les pampres verts. Si c'était Phyllis, elle irait me cueillir des fleurs; si c'était Amyntas, il me divertirait par des chansons. « Lycoris, voici de claires fontaines, voici de douces prairies, voici des forêts: c'est là que je voudrais couler avec toi le reste de nos jours. Mais un fol amour te retient dans les champs de Mars, et au milieu des horreurs de la guerre. Loin de ta patrie (que ne puis-je douter d'un tel forfait!), tu parcours, cruelle, tu parcours sans moi les sommets glacés des Alpes, tu braves sans moi les neiges et les frimas de la Germanie. Puisses-tu au moins ne pas sentir ce froid rigoureux! Puissent ces glaces épargner tes pieds délicats!

« J'irai parmi les bergers, et je chanterai sur le chalumeau du pasteur de Sicile les vers que le poète de Chalcis a faits pour moi. C'en est fait: je veux ensevelir ma douleur dans les bois, au milieu des retraites des bêtes farouches, et graver mes amours sur l'écorce des jeunes arbres: ils croîtront, et avec vous croîtra mon amour! Cependant, je me promènerai dans la compagnie des Nymphes sur le mont Ménale, où je poursuivrai les courageux sangliers. Le froid le plus rigoureux ne m'empêchera pas d'entourer de mes chiens les bois du mont Parthenius. Il me semble déjà parcourir ces rochers et ces bois sonores. Je prends plaisir à décocher des traits, comme si je pouvais guérir de la sorte le mal qui me tourmente, comme si les peines des mortels pouvaient adoucir le cruel amour. Les Hamadryades et les chansons commencent déjà à me déplaire. Adieu, forêts, adieu! Quelque chose que l'on fasse, l'Amour est toujours le même. Quand je boirais les eaux glacées de l'Hèbre; quand je vivrais au milieu des neiges de la Sithonie; quand je conduirais des troupeaux dans les plaines de l'Éthiopie, où le brûlant cancer dévore l'écorce des grands ormes, je ne sentirais partout que les feux de l'amour. L'amour triomphe de tout; cédons aussi à l'amour. »

Muses, c'est assez. Voilà les vers que vous avez dictés à votre poète, tandis qu'il travaillait tranquillement à des corbeilles de jonc. Faites valoir ces vers à Gallus, à ce Gallus pour qui mon amitié grandit de jour en jour, comme, au retour du printemps, grandissent les jeunes pousses.

Levons-nous. Il est dangereux de chanter à l'ombre, et à l'ombre du genièvre. L'ombre est de même nuisible aux fruits. Retournez, mes chèvres, à votre bergerie; vous êtes rassasiées, et l'étoile du soir paraît.

JUVENAL

De tous les satiriques, Juvénal est peut-être le plus énergique, le plus sincère, le plus farouche. Vivant à une époque détestable, il s'attaque à tous ceux qui s'écartent des mœurs de la Rome antique, de celle du moins qu'il conçoit en poète et en patriote, et qui, pour tous les Romains, constitue l'idéal de la Cité maîtresse. A-t-il eu des raisons spéciales de mépriser les femmes ? S'est-il simplement contenté de regarder autour de lui et d'entrevoir derrière la décadence morale de la matrone l'effondrement de l'Empire romain ? Rien ne nous permet de répondre à cette double question. Le certain est que Juvénal s'attaqua aux femmes de son temps avec une audace et une âpreté qui semblent dépasser le but. Et si les femmes qu'il a connues sont dépeintes d'après nature, il faut reconnaître que son verbe hardi mérite qu'on l'admire jusque dans ses crudités. Ce qu'il y a lieu de remarquer spécialement, c'est son mépris pour le crime abominable dont les auteurs, plongés dans un bourbier, étaient étouffés sous une claie par les Germains. Il se rencontre, là, avec Aristophane, mais non pas avec Virgile, si nous nous en rapportons à la bucolique intitulée ALEXIS, *que nous avons citée plus haut.*

LES FEMMES

Je veux bien croire que la Pudeur, sous le règne de Saturne, habita sur la terre et qu'on la connut longtemps, alors que de froides cavernes fournissaient des logis étroits et que, sous le même couvert, se renfermaient et le foyer et les dieux lares, et les troupeaux, et les maîtres ; alors que les épouses, errantes sur les montagnes, s'allongeaient sur un lit agreste fait de feuillages, de joncs et des peaux empruntées aux bêtes féroces du voisinage ; alors que, différentes de toi, Cynthie, et de toi, dont la mort troubla les beaux yeux, elles suspendaient à leurs mamelles des enfants robustes déjà et paraissaient plus sauvages que leurs époux bourrés de glands. Certes, sur une terre neuve et sous un jeune soleil, les hommes, nés du chêne ou pétris de limon et n'ayant aucun ascendant, vivaient alors autrement que nous ne faisons.

De vagues traces de l'antique Pudeur se rencontraient peut-être sous Jupiter, mais sous un Jupiter imberbe, au temps où les Grecs ne se parjuraient pas encore, alors que personne ne redoutait de voleur ni pour ses légumes ni pour ses fruits, et qu'on vivait dans des jardins sans clôture. Peu après, Astrée remonta en compagnie de la Pudeur, vers les dieux supérieurs, et les deux s'enfuirent en même temps.

C'est dans une antiquité bien reculée, Postumus, que, pour la première fois, on souilla le lit d'autrui et méprisa le génie de la couche nuptiale. Tous les autres crimes furent apportés par l'âge de fer ; les premiers adultères datent de l'âge d'argent. Cependant ta parole est donnée ; malgré ces temps, ton contrat est prêt ; déjà le maître coiffeur a passé par là, et peut-être as-tu glissé l'anneau au doigt de ta future. Certes tu étais sain d'esprit, et tu prends épouse, Postumus ! Quelle Furie, dis-moi, quelle folie te pousse ? Tu supporterais une maîtresse, tandis qu'il est tant de cordes, tant de fenêtres d'une hauteur vertigineuse, et que le pont Émilien est dans ton voisinage ! Si aucun de ces moyens ne te sourit, ne préfères-tu pas dormir près de cet enfant ? Cet enfant, qui ne querelle pas dans les ténèbres, qui, une fois couché, ne réclame aucun présent, qui ne se plaint pas que tu ménages tes flancs et ne te mets hors d'haleine sur son ordre. — Mais Ursidius souscrit à la loi Julia : il rêve d'élever un héritier, indifférent au grand tourteau, aux surmulets, et aux provisions des flatteurs. — Qu'est-ce qui te paraîtra impossible si Ursidius prend femme, si le plus notoire des débauchés tend bêtement le cou au collier marital, lui qui tant de fois dut se réfugier dans le coffre de Latinus ? Quoi ? C'est une épouse aux mœurs antiques qu'il lui faut ? O médecins ! Tranchez-lui la veine ! Délices du genre humain prosterne-toi à l'entrée du Capitole, et sacrifie à Junon une génisse aux cornes d'or, s'il t'échoit une femme au front pudique. Il en reste peu qui soien dignes de toucher les bandelettes de Cérès et dont un père n'ait pas à craindre les baisers. Couronne ta porte de guirlandes et tends au-dessus de ton seuil un lierre épais.

— Un homme ne suffit-il pas à Hérina ?

— Mais tu arriverais plus vite à ce qu'elle se contentât d'un œil !

— On vante beaucoup une femme vivant dans les champs paternels.

— Qu'elle vive à Sabies, comme elle l'a fait aux champs, qu'elle vive à Fidène, et j'accorde le petit champ du père. Et pourtant qui me garantira qu'il ne s'est rien passé sur les montagnes et dans les grottes ? Jupiter et Mars ont-ils tant vieilli ?

Sous nos portiques, aperçois-tu une femme digne de tes vœux ?

Les gradins des amphithéâtres t'en offrent-ils que tu puisses aimer sans crainte, que tu puisses emmener avec toi ? Quand le mime Bathylle danse amoureusement la Léda, Tuccia ne sait plus commander à sa vessie, Appula soupire soudain et s'alanguit comme entre les bras d'un amant, Thymèle le considère longuement, l'innocente Thymèle prend leçon. Quant aux autres, lorsque le rideau se ferme, que le théâtre est vide et clos, que le barreau seul retentit de la voix des orateurs, pendant le long intervalle qui sépare les jeux Plébéiens des jeux Mégalésiens, tristes, elles s'en tiennent au masque, au Thyrse et à la ceinture d'Accius. Dans l'exode d'une atellane Urbicus les fait rire en jouant Autoné. L'indigente Elia aime cet homme, et pourtant c'est à grands frais qu'on brise la bouche d'un comédien. Certaines mettent Chrysogonus dans l'impossibilité de chanter. Hispulla est la maîtresse d'un acteur tragique : voudrais-tu qu'elle aimât Quintillien ? Tu prends femme, et tu seras père grâce au harpiste Echion, à Glaphyrus, au flûtiste Ambrosius. A travers les rues étroites, dressons de longs tréteaux, décorons ton seuil et mettons à ta porte un superbe laurier, ô Lentulus, afin que ton noble rejeton t'offre dans son berceau d'écaille les traits du gladiateur Euryalus.

Mariée à un sénateur, Hippia suivit un histrion jusqu'au Phare, au Nil, à la fameuse ville de Lagus où les mœurs monstrueuses de Rome révoltèrent Canope. Oubliant son foyer, son époux et sa sœur, elle n'a souci, la pécheresse, ni de sa patrie, ni de ses enfants en pleurs ; et ce qui t'étonnera encore davantage, elle abandonne les jeux et Pâris. Quoique élevée au sein de l'opulence, dans la maison paternelle, où toute jeune fille elle dormit dans la plume d'un berceau magnifique, elle brave aujourd'hui l'Océan ; elle avait d'abord bravé l'honneur qu'on sacrifie aisément chez nos petites maîtresses. Elle supporta donc d'un cœur intrépide les flots tyrrhéniens et la mer mugissante d'Ionie, bien que tant de fois elle dut changer d'océan. Qu'il survienne un motif honnête et légitime de courir un danger, les femmes prennent peur et sentent se glacer leur cœur craintif, incapables de se tenir sur leurs pieds tremblants ; mais c'est d'une âme forte qu'elles vont où les pousse le déshonneur. Qu'un mari l'ordonne, il est dur de s'embarquer; alors la sentine empeste, et le grand air étourdit. Celle qui suit un amour a l'estomac solide. L'une vomit sur son mari; l'autre s'attable avec les matelots, parcourt le pont et se plaît à tirer sur les rudes cordages. Pour quelle forme s'est enflammée Hippia ? De quelle jeunesse s'est-elle éprise? Qu'a-t-elle entrevu pour supporter qu'on la dise une danseuse? Car Sergiolus commençait déjà à râcler du gosier; un bras coupé, il avait droit à la retraite. Son visage, d'ailleurs, était couvert de difformités ; une loupe énorme comme écrasée par le casque s'étalait sur ses narines, et une acre sanie distillait sans cesse de ses yeux. Mais il était gladiateur : c'est ce qui en fit un Hyacinthe. Voilà ce qu'Hippia préféra à ses enfants, à son époux et à sa sœur. C'est le fer qu'elles aiment. Ce même Sergius, recevant son congé, eût passé pour un Véicnton.

Mais pourquoi s'occuper des désordres d'une maison privée? de ce qu'a fait Hippia ? Regarde les rivaux des dieux; écoute ce que Claude eut à supporter. Dès que l'épouse croyait l'époux endormi, préférant un grabat à son lit du Palatin, l'auguste courtisane, endossant une cape, fuyait dans la nuit, en compagnie d'une confidente unique. Ses cheveux noirs cachés sous une perruque blonde, Messaline passait en hâte sous la portière d'un lupanar et gagnait une loge vide, la sienne. Alors, toute nue, les seins dans un filet d'or, elle se prostituait, sous le nom de Lycisca, et offrait, ô généreux Britannicus, le ventre qui te porta. Accueillante, elle reçoit les survenants et demande son salaire ; puis, couchée sur le dos, elle se livre à de nombreux assauts. Bientôt l'entremetteur congédiant les courtisanes, elle se retire à regret, mais du moins, faisant ce qu'elle peut, elle ferme sa loge la dernière. La vulve toute raidie encore par l'ardeur érotique, elle s'en va, lasse, mais non rassasiée. Les yeux cernés et puant la fumée de la lampe, elle rapporte à son lit l'odeur du lupanar.

Parlerais-je de l'hippomane, des enchantements et des mixtures servies au fils d'un autre lit ? Entraînées par leur sexe, les femmes commettent les pires méfaits, et leurs fautes passionnelles en paraissent amoindries.

— Mais pourquoi, au dire de son mari, Césannia passe-t-elle pour la meilleure des femmes ?

— Il en reçut un million de sesterces ; à ce prix, il la déclare pudique. Ce ne sont pas les flèches de l'amour qui le rendent maigre, ni le flambeau de l'hymen qui l'échauffe ; les flèches qui stimulent son ardeur, c'est de la dot qu'elles partent. Elle a acheté sa liberté. Devant lui elle peut faire des invites et répondre à un billet. Elle est veuve, puisque, riche, elle a épousé un avare.

— Pourquoi Sertorius brûle-t-il de désirs pour Bibula ?

— A y regarder de près, c'est un visage, non une femme qu'il aime. Qu'il survienne trois rides, que sa peau se dessèche et retombe, que ses dents jaunissent, que ses yeux rétrécissent : « Ramasse tes guenilles, dit l'affranchi, et file ; tu nous pèses : tu te mouches trop ! Détale vite, et sans délai ! Une autre vient qui a le nez sec. » En attendant, elle est pleine d'ardeur et règne ; elle réclame à son mari des pasteurs, des troupeaux dans la Pouille, et des vignes à Falerne. Mais qu'est-ce que cela ? Tous les esclaves, des ergastules entiers, tout ce que possède le voisin et qui ne se rencontre pas chez elle, il faut qu'on l'achète ! Même au mois de décembre, alors que le marchand Jason s'enferme, que la neige retient les matelots enfermés dans leur cabane, on lui cherche de grands vases de cristal, puis de plus grands vases murrhins, puis le diamant le plus célèbre, celui que le doigt de Bérénice rendit plus précieux encore : c'est le diamant que jadis un barbare donna à cette incestueuse, qu'Agrippa donna à sa sœur, là où les rois célèbrent le sabbat les pieds nus, et où une antique clémence sourit aux pourceaux vieillis.

— Est-ce que, dans un si grand nombre, il n'en est pas une qui te paraisse digne de mon choix ?

— Soit ! il en est une, belle, décente, riche, féconde, qui étale sous ses portiques les bustes de ses aïeux, plus chaste que toutes ces Sabines qui, échevelées, mirent fin à une guerre (oiseau rare sur terre et fort semblable au cygne noir). Qui voudrait pour épouse une femme qui a tout pour elle ? J'aime, oui, j'aime mieux une Vénusienne que toi, Cornélie, mère des Gracques, si avec tes grandes vertus, tu m'apportes une fierté arrogante et avec ta dot m'énumères tes triomphes. Laisse-moi, je te prie, ton Annibal, ton Syphax forcé dans son camp, et file avec toute ta Carthage! « Aie pitié, Apollon, je t'en supplie, et toi, Diane, dépose ton carquois. Mes enfants ne sont pas coupables; tuez leur mère », crie Amphion. Mais Apollon bande son arc et tue le troupeau de ses enfants et leur père même, tandis que Niobé semble l'emporter en noblesse sur la postérité de Latone, et en fécondité sur les blanches truies. Qu'importent et la vertu et la beauté s'il faut toujours se les entendre reprocher? Le charme de ces rares et souveraines qualités devient nul quand, empoisonnées par un esprit arrogant, elles apportent plus d'aloès que de miel. Quel est l'homme assez épris pour ne pas avoir en horreur cette femme qu'exaltent ses louanges, et ne pas la haïr sept heures par jour?

Il est d'autres défauts moins graves, en vérité, mais qu'un mari ne saurait supporter. En effet, quoi de plus fastidieux qu'une femme qui ne se croit ravissante que si de Toscane elle se mue en Grecque et prend le ton d'Athènes, alors qu'elle est de Sulmone? Tout est à la grecque chez les nôtres, comme s'il n'était pas plus honteux d'abord d'ignorer le latin. C'est dans la langue favorite du grec qu'elles expriment colère, joie, soucis, voire les secrets sentiments de l'âme. Qu'ajouterais-je? Elles coïtent en grec. Passons ces manies à des jeunes filles; mais celle que talonne la quatre-vingt-seizième année, parlera-t-elle encore en grec? Ce langage n'est pas décent chez une vieille, qui se plaît à dire en public *ma vie et mon âme,* mots qu'elle vient d'étouffer sous le drap de son lit. Puisqu'elle a des doigts, pourquoi d'une voix caressante et lascive excite-t-elle le bas ventre ? Mais pour arrêter ce beau vol, dis cela plus tendrement qu'Emus et que Carpophorus : les années se liront sur ta figure.

Si tu ne saurais aimer une femme unie à toi par des liens légitimes, il n'y a pas lieu de te marier ; il n'y a pas de quoi perdre festins et présents, ni servir des massepains à la fin du repas, ni offrir, pour la première nuit, dans un riche bassin, des pièces d'or à l'effigie de Germanicus le Dacique. Si tu te plais à la simplicité conjugale, si ton âme n'appartient qu'à une seule, baisse la tête et soumets-toi gaiement au joug : tu n'en trouveras pas une qui épargne ta tendresse. Brûlât-elle de ton feu, tu n'en seras ni moins tourmenté, ni moins ruiné. Plus un mari est doux et facile, moins sa femme lui sera complaisante. Tu ne pourras faire un cadeau sans l'assentiment de ton épouse ; tu ne pourras rien vendre, si elle s'y oppose, rien acheter, si elle n'y consent. C'est elle qui réglera tes affections. Cet ami déjà vieux, et dont ta maison vit la première barbe, sera exclu. Que le droit de tester soit concédé aux proxénètes, aux gladiateurs, qu'il le soit à la canaille; à toi, on t'imposera plus d'un rival pour héritier.

— Cloue cet esclave à la croix !

— Quel crime vaut ce supplice à mon esclave ? Où est le témoin ? Où le dénonciateur ? J'attends.

Quand il s'agit de la mort d'un homme aucun délai n'est trop long.

— Oh ! le fou ! un esclave est-il un homme ! Il n'a rien fait ? Soit ! Je le veux, je l'ordonne, que ma volonté serve de raison !

Elle commande donc à son mari ; mais bientôt elle abandonne son empire, change de maison et foule aux pieds son voile nuptial. Puis elle revient en courant et reprend sa place dans une couche dédaignée, désertant une demeure dont on vient de décorer le seuil de tentures flottantes et de feuillages non verts. C'est ainsi que s'accroît le nombre des maris et qu'on en compte huit pour cinq automnes : beau sujet d'épitaphe !

Désespère de la concorde tant que vivra ta belle-mère. Elle instruira sa fille à te ruiner en se riant, elle l'instruira à répondre aux billets de l'amant par des mots doux et alambiqués ; elle trompera ses gardiens ou les achètera à prix d'or ; puis, sans qu'elle soit malade, elle appelle Archigène, et soulève les couvertures pesantes. Cependant, introduit en secret, un amant se cache à côté, et, dans son impatience devant un retard qu'il redoute, il s'attouche lui-même. Croirais-tu par hasard que pareille mère pût enseigner la vertu et des mœurs autres que les siennes ? Infâmes, ces vieilles ont intérêt à rendre leurs filles infâmes.

Il est peu de procès qui n'aient été suscités par les femmes. Manilia accuse, si elle n'est accusée. Elles dirigent elles-mêmes la procédure, composent les requêtes, prêtes à dicter un exorde ou des arguments à Celsus.

Qui ne leur a connu des manteaux tyriens et l'huile parfumée des athlètes ? Qui ne les a vues, armées du bouclier, creuser un pieu à la perfection, matrones vraiment dignes de figurer aux jeux Foraux, si même elles ne visent pas plus haut et ne se préparent aux véritables combats de l'arène. Quelle peut être sous le casque la pudeur d'une femme, qui s'échappe de son sexe et n'admire que la force ? Pourtant elle ne voudrait pas devenir homme, car notre plaisir serait bien mince ! Quel honneur pour toi, si l'on vendait ton épouse, son baudrier, et ses gantelets, et son casque, et l'oripeau qui cache sa cuisse gauche, ou, si elle livrait d'autres combats, les bottines de la belle ! Voilà celles qui suent dans une robe légère et qui se consument sous un tissu de soie ! Vois avec quel élan elles assènent les coups appris, comme elles fléchissent sous le poids du casque, comme elles plient sur les jarrets, comme elles se sanglent, et ris, lorsque, déposant les armes, elles prennent le vase de nuit. Dites-nous, descendantes de Lépide, de l'aveugle Métellus, de l'insatiable Fabius, quelle femme de gladiateur s'est mise en semblable appareil ? Quand la femme d'Asylus, s'est-elle fatiguée sur un poteau ?

Toujours la discorde et les contestations renaissantes assiègent la couche où s'allonge une épouse ; on y dort fort peu. Mais elle est surtout redoutable à son mari, et pire qu'une tigresse privée de ses petits, lorsque, consciente d'une faute cachée, elle simule des gémissements, ou reproche des mignons, ou verse, à cause d'une maîtresse imaginaire, un torrent de ces larmes toujours prêtes et qui n'attendent qu'un ordre pour couler à flots ! Tu te crois aimé, tu t'imagines être un oiseau rare, et tes lèvres boivent ses larmes. Quelles lettres, quels billets tu lirais, si l'on t'ouvrait les tablettes de cette jalouse adultère ! Mais la voici dans les bras d'un esclave ou d'un chevalier ! Trouve-moi, Quintilien, trouve-moi je te prie, un prétexte à la chose. J'hésite. Qu'elle réponde elle-même !

— N'étions-nous pas convenus, dit-elle, que tu pourrais faire ce qu'il te plairait ? Ne serais-je pas en droit d'agir à mon gré ? Tu peux crier, remuer ciel et terre : je suis femme !

Rien n'égale l'audace d'une femme surprise ; c'est de son méfait qu'elle tire sa force et sa rancune.

D'où viennent cependant ces monstruosités ? de quelle source ? Une humble fortune engendrait jadis des matrones honnêtes. Les vices ne pouvaient se développer sous le chaume, au milieu du travail, avec des nuits brèves, des mains calleuses, endurcies à préparer la laine, Annibal aux portes de Rome, des maris en sentinelle sur la porte Colline. Nous subissons aujourd'hui les maux d'une paix prolongée ; plus cruel que les armes, le luxe nous accable et venge l'univers asservi.

Tous les crimes, tous les forfaits de la débauche triomphent depuis que s'en est allée la pauvreté romaine. Voilà ce qui nous valut l'envahissement de nos collines par Sybaris, Rhodes, Milet et cette Tarente couronnée de fleurs et ivre de luxure.

Le premier, l'infâme argent introduisit chez nous les mœurs étrangères, et ce fut la richesse déliquescente qui de son luxe honteux brisa notre antique vertu. De quoi se soucierait la Vénus ivre? Ce qui distingue la tête de la vulve, elle l'ignore, lorsqu'au milieu de la nuit elle engloutit des huîtres énormes, lorsque le falerne pur écume, lorsqu'elle vide les coupes, lorsque le plancher tourne dans le vertige, que la table danse et que les flambeaux se doublent. Après cela, doute du rire moqueur de Maura, quand elle passe devant le vieil autel de la Pudeur, doute des propos que lui tient Tullia, son amie et sa sœur de lait. C'est là que, dans la nuit, elles font arrêter leurs litières, c'est là qu'elles urinent, couvrant de longs jets la statue de la déesse; puis, au rayon de la lune, elles se chevauchent à tour de rôle et tombent dans le spasme. Ensuite elles regagnent leur maison ; et toi, au retour du jour, allant voir tes amis puissants, tu marches dans l'urine de ton épouse.

On connaît les mystères de la Bonne Déesse, quand la trompette dégourdit les jambes, et que, la musique et le vin excitant leurs transports, ces ménades font tourbillonner leur chevelure et hurlent à Priape. Quelle envie du rut envahit alors leurs esprits ! Quels cris dans les transports de leur luxure ! quels torrents de vin vieux ruisselant sur leurs jambes !

Pour remporter la couronne promise, Laufella provoque les femmes des proxénètes, et remporte le prix de la cuisse. C'est elle encore qui rend hommage aux fureurs de Médulline. Celle qui remporte la palme est regardée comme la plus noble. Là, rien n'est feint ; tout se passe au réel. Priam déjà refroidi par l'âge et l'infirme Nestor en seraient enflammés. Déjà les désirs veulent être assouvis, déjà la femme ne suffit plus à la femme, et l'antre retentit de ce cri unanime : « Les dieux le permettent : introduisez des hommes. Mon amant dort-il ? » Elle ordonne qu'il s'habille et accoure. Point d'amant? On se livre aux esclaves. Si les esclaves font défaut, on prendra un porteur d'eau. Si ce dernier est introuvable, et si les hommes manquent, elle n'attendra pas, et offrira sa croupe à l'assaut d'un âne.

Plût aux dieux du moins que les rites anciens et le culte public fussent à l'abri des profanations! Mais Maures et Indiens savent quelle chanteuse introduisit un membre viril, plus énorme que les deux *Anti-Catons* de César, dans un lieu que fuirait un rat mâle et où il est ordonné de voiler toute représentation de notre sexe. Quel homme eût osé jadis mépriser la divinité ? ou se jouer du vase sacré de Numa, du bassin noir et des plats fragiles du mont Vatican ? Mais aujourd'hui quel autel n'a son Clodius ? J'entends, mes vieux amis, vos conseils d'autrefois : « Place des verrous ; empêche! » Mais quel gardien veillera sur les gardiens ? Une femme est rusée, et commence par les corrompre.

Une même passion gouverne tout ensemble les plus élevées et les plus humbles. Celle qui marche à pied ne vaut pas mieux que celle que portent sur leurs nuques les esclaves syriens. Pour assister aux jeux, Ogulnie loue des habits; elle loue de même un cortège, une litière, un coussin, des amies, une nourrice et une jeune fille à qui faire ses confidences. Cependant ce qui lui reste de son patrimoine, jusqu'à sa dernière vaisselle, elle le donne à des athlètes imberbes. Beaucoup sont indigentes à leur foyer; mais aucune n'a la pudeur de la pauvreté, ni n'enferme ses dépenses dans les limites qu'elle s'est ellemême fixées. Du moins les hommes songent parfois à l'utile ; à l'exemple de la fourmi, ils redoutent la faim et les frimas. Une femme prodigue ne sent pas sa fortune s'en aller. Comme si, dans son coffre épuisé, l'argent renaissait sans cesse, et qu'elle pût prendre sur le tas toujours égal, elle ne se demande jamais ce que coûtent ses plaisirs.

Il en est que les eunuques impuissants, les baisers toujours tendres et l'absence de barbe charment en leur évitant un avortement. Cependant, pour la volupté suprême, il faut que l'opérateur n'intervienne qu'à l'heure où les organes mûrs et beaux se sont couverts d'un poil noir. Alors attendus et contraints de se développer d'abord, les testicules bien équilibrés tombent sous les ciseaux d'Héliodorus, au seul préjudice du barbier. Reconnaissable de loin, reconnu par tous, le jeune homme devenu eunuque de par sa maîtresse entre dans les bains, capable de défier le dieu des jardins et de la vigne. Qu'il dorme avec ta femme, mais toi, Postumus, évite de livrer à l'eunuque ton robuste Bromius à la barbe naissante.

Si ta femme se plaît à la musique, aucune boucle ne l'empêchera de se prostituer aux chanteurs gagés par le préteur. Leurs instruments, sans cesse entre ses mains, brilleront du feu de ses pierres précieuses et leurs cordes vibreront sous l'archet dont joue le jeune Hédymétès. Cet archet aimable, elle le tient, elle se console avec lui, elle le couvre de baisers. Une femme de la maison de Lamia et d'un nom illustre demandait par la farine et le vin à Janus et à Vesta si Pollion pouvait se flatter de remporter la couronne de chêne aux jeux Capitolins, et de se fier à ses cordes. Qu'eût-elle fait de plus pour son époux malade ? pour un fils devant la tristesse des médecins ? Debout devant l'autel, elle ne rougit pas de se voiler la tête pour un cithariste ; elle répète les paroles dictées, suivant la coutume, et pâlit à l'ouverture de la victime. Mais, dis-moi, je te prie, dis-moi, ô le plus ancien des dieux, lui réponds-tu, Janus vénéré ? L'Olympe a donc de grands loisirs, et vraiment il me semble que tu n'as rien à faire ! L'une te consulte au sujet d'un comédien, l'autre te recommande un acteur tragique : l'aruspice attrapera des varices.

Mais qu'elle chante plutôt que de courir impudemment par toute la ville, de se mêler aux hommes et même, en présence de son mari, d'interpeller les soldats, la tête haute et les seins droits. La même sait ce qui se passe dans l'univers entier, ce que font les Sères et les Thraces ; elle connaît le commerce secret de la belle-mère et de son beau-fils, les intrigues amoureuses et l'amant qu'on s'arrache. Elle dira de qui telle veuve est enceinte et depuis quel mois, ce que chacune dit dans le baiser et quelles poses elle adopte. La comète qui menace les rois des Parthes et d'Arménie, c'est elle qui l'aperçoit la première. Les bruits, les dernières rumeurs, elle les recueille aux portes de la ville ; elle en forge elle-même. Le Niphatès a submergé des peuples, et les champs sont engloutis sous un immense déluge, les villes chancellent, les terres s'affaissent, voilà ce qu'elle raconte à tous les coins de rue, à tous ceux qu'elle rencontre.

Cependant ce vice est moins insupportable que celui de la femme qui, vainement implorée, a coutume de faire saisir et fustiger un voisin d'humble condition. Si des aboiements l'ont tirée d'un sommeil profond : « Apportez au plus vite, dit-elle, des bâtons », et elle ordonne de frapper le maître, d'abord, le chien, ensuite. Sa rencontre inspire la crainte ; son visage, la terreur. La nuit, elle pénètre dans les bains ; elle veut, nuitamment, changer de camp et sonner de la trompette ; elle se plaît à suer parmi le fracas et le tumulte ; et, quand elle a fatigué ses bras à manier une masse pesante, un adroit eunuque y met les mains et force le haut de sa cuisse à tressaillir. Cependant ses malheureux convives sont tourmentés par le sommeil et la faim.

Enfin, toute rouge, elle revint dévorée de soif et capable de vider l'amphore pleine qu'on met à ses pieds ; elle en boit avant le repas deux setiers, qui, rejetés, lui débarrassent l'estomac et provoquent une faim dévorante. Le vin ruisselle sur le marbre, ou bien c'est d'un large bassin que s'élève le fumet du falerne ; car, tel qu'un long serpent tombé dans un tonneau profond, elle boit et vomit. Aussi l'époux a-t-il des nausées ; il ferme les yeux et contient sa bile.

Plus insupportable pourtant est celle qui, à peine à table, loue Virgile et s'appitoie sur le désespoir de Didon; elle entreprend les poètes et les compare ; elle met dans la balance d'un côté l'œuvre de Virgile, de l'autre, celle d'Homère. Les grammairiens rendent les armes, les grammairiens sont vaincus, la foule se tait ; ni l'avocat, ni le crieur, ni une autre femme ne parvient à se faire entendre, tant s'affirme le poids de ses paroles ! on dirait un carillon de clochettes et de cymbales. Qu'on ne fatigue plus ni les trompettes, ni l'airain sonore, à elle seule, elle parviendra à secourir la lune éclipsée.

Le sage sait se borner même dans les goûts honnêtes. La femme, qui veut à toute force passer pour docte et éloquente, doit porter une tunique retroussée jusqu'au milieu de la jambe, sacrifier un porc à Silvain et se baigner pour un quart d'as. Que la matrone, qui partage ta couche, n'ait pas son genre d'éloquence, qu'elle ne cherche pas, dans son langage alambiqué, à manier l'enthymème écourté, qu'elle ne sache pas l'histoire entière, qu'elle ne comprenne pas tout ce qu'elle lit. Quant à moi, je hais celle qui sait à fond son Palémon, qui observe toujours les lois et les règles du langage, qui connaît d'anciens vers oubliés et ne pardonne pas à une amie de la campagne ce qu'on excuserait dans un homme. Qu'il soit permis à un mari de faire un solécisme.

Il n'est rien que ne se permette, rien que juge honteux une femme lorsqu'elle a cerclé son cou d'émeraudes et allongé ses oreilles d'énormes pendants. Rien de plus insupportable qu'une femme riche. Elle a un aspect repoussant; son visage est bouffi d'une façon risible par un débordement de pâte, ou bien elle exhale l'odeur des essences de Poppée, où s'embourbent les lèvres du pauvre mari. Mais vers son amant elle ira la peau nette. Quand donc veut-elle paraître belle à son foyer ? C'est pour les amants qu'on réserve le nard odoriférant; pour eux que l'Inde vend et expédie ses parfums. Enfin, elle découvre sa figure et se débarrasse des premiers fards. On commence à la reconnaître. Elle se lave avec un lait pour lequel elle emmènerait un troupeau d'ânesses, si on l'exilait au pôle hyperboréen. En voyant une face couverte de tant de préparations et enduite d'un cataplasme si épais, ne se demande-t-on pas si c'est un visage ou un ulcère ?

Il vaut la peine de savoir à fond ce qu'elles trafiquent, ce qui les occupe toute la journée. Si, la nuit, l'époux a dormi le dos tourné, malheur à l'intendante ! les esclaves dépouilleront leur tunique ! Le Liburnien est accusé d'être en retard, et il est puni pour le sommeil d'un autre. Sur l'un on brise les bâtons ; l'autre rougit sous les fouets ; un troisième, sous les lanières. Il en est qui gagent des bourreaux à l'année. On frappe ; cependant, elle se peint le visage, reçoit ses amies, ou considère l'or qui s'étale sur une robe nouvelle ; on frappe, et elle relit les nouvelles du jour ; on frappe jusqu'à ce que les exécuteurs soient las : « Sors, hurle-t-elle, justice est faite ! »

Séjour non moins cruel que le palais des tyrans de Syracuse ! En effet, si elle a résolu de se parer plus que de coutume, elle se hâte, car on l'attend dans nos jardins, ou plutôt dans le temple de l'entremetteuse Isis, et c'est la malheureuse Psecas qui, les cheveux en désordre, l'épaule nue, les mamelles au vent, lui frise la tête.

— Pourquoi cette boucle qui dépasse ?

Aussitôt un nerf de bœuf punit cette erreur, ce crime capillaire. Qu'a fait Psecas ? Est-ce la faute de la jeune fille, si ton nez te déplaît ? Une autre attaque le côté gauche, peigne la chevelure et la roule en anneaux. On appelle au conseil une vieille émérite, passée du peigne à la quenouille. Elle donne son avis la première ; les subalternes opinent ensuite, suivant leur âge et leur talent, comme s'il s'agissait de l'honneur ou de la vie, tant est grand ce souci de paraître belle ! L'édifice de sa chevelure a tant d'étages, tant il a de compartiments que, de face, on dirait Andromaque ; par derrière, elle représente moins : on dirait une autre femme. Mais dis-moi, que sera-ce si la nature ne lui a donné qu'une petite taille, si, sans l'addition de cothurnes, elle paraît plus petite qu'une jeune Pygmée, si elle se dresse pour le baiser sur la pointe des pieds ?

Cependant elle n'a nul souci de son époux, elle ne tient compte d'aucune perte ; elle vit en voisine à son foyer. Toute son intimité avec son mari se réduit à haïr ses amis et ses esclaves, et à le ruiner. Mais voici le chœur de la redoutable Bellone et de la mère des dieux, et l'eunuque à la taille gigantesque, que révère un cortège obscène ; depuis longtemps il s'est amputé les flasques signes de la virilité ; mais la cohorte enrouée et ses tambours plébéiens lui cèdent le pas, et c'est à lui que revient la tiare phrygienne. Il parle avec emphase et commande de redouter les approches de septembre et du vent du midi, à moins que vous n'expiez vos fautes par une offrande de cent œufs et que vous ne lui donniez vos antiques robes couleur feuille-morte, afin de détourner sur elles toute influence subite ou fâcheuse et de vous rendre d'un seul coup propice l'année entière. En plein hiver, dès le point du jour, elle brisera la glace, se plongera dans le Tibre et s'inondera la tête des tourbillons glacés ; puis, nue et tremblante, elle se traînera sur ses genoux en sang autour du champ de Tarquin le Superbe. Si la blanche Io l'ordonne, elle ira jusqu'aux confins de l'Égypte puiser dans la torride Méroé les eaux dont elle arrosera le sanctuaire d'Isis, lequel se dresse loin d'une antique bergerie. Elle croit, en effet, avoir entendu la voix même de la déesse. Voilà les âmes et les esprits avec qui les dieux s'entretiennent la nuit ! Voilà le pouvoir, l'honneur suprême que s'acquiert celui qui, entouré de son troupeau vêtu de lin et la tête rasée, s'en vient, nouvel Anubis, se moquer d'un groupe de crédules. C'est lui qui intercède pour les femmes chaque fois qu'elles couchent avec leurs époux pendant les jours de continence et de fêtes. En effet, la violation de la couche nuptiale mérite un châtiment grave, et l'on a vu le serpent d'argent remuer la tête. Mais les larmes et les formules étudiées du prêtre font qu'Osiris, gagné par une oie grasse et le mince gâteau sucré, ne refuse pas le pardon de la faute.

A ce prêtre succède une juive qui, abandonnant sa corbeille et son foin, s'approche en tremblant et mendie à l'oreille ; elle est l'interprète des lois de Solyme, la grande prêtresse de la forêt d'Aricie, la fidèle ménagère de l'Olympe. Elle aussi se remplit les mains, mais plus parcimonieusement, car les Juifs vendent leurs visions à bon marché, au prix qu'on veut. C'est un amant jeune, ou l'énorme héritage d'un riche sans enfants que promet un aruspice de l'Arménie ou de Comagène, après avoir interrogé le poumon d'une blanche colombe. Il consulte le cœur d'un poulet, les entrailles d'un chien, parfois même d'un enfant, et la superstitieuse aura commis le crime que dénonce l'aruspice.

Mais ce sont les Chaldéens qui inspirent le plus de confiance : tout ce que dit l'astrologue leur semble émané de Jupiter Ammon, puisque Delphes ne rend plus d'oracles et que le genre humain est condamné à ignorer l'avenir. Pourtant le plus fameux de tous est le plus souvent l'exilé qui, par son amitié et ses tablettes vénales, désigna à la vengeance d'Othon et fit périr un citoyen illustre. A-t-il eu la dextre et la sénestre chargées de fer, a-t-il séjourné longtemps dans les prisons d'un camp, la foi en son art est certaine. Ce n'est jamais un astrologue non condamné qui aura du génie ; mais bien celui qui a vu la mort de près, qui a eu la faveur d'être seulement relégué aux Cyclades, qui enfin s'est échappé de l'étroite Sériphe. Alors ta Tanaquil le consulte sur la mort trop lente de sa mère attaquée de la jaunisse, mais sur toi d'abord ! Quand enterrera-t-elle sa sœur et ses oncles ? Son amant lui survivra-t-il ? Quelle faveur plus signalée peut-elle espérer des dieux !

Celle-ci, cependant, ignore ce que l'astre de Saturne présage de sinistre, dans quelle conjonction Vénus est favorable, quel mois est malheureux, quelle époque est heureuse. Souviens-toi d'éviter jusqu'à la rencontre de celle à qui tu vois des éphémérides que le frottement a rendues luisantes comme l'ambre, qui ne consulte personne et que l'on consulte déjà, qui n'accompagnerait son mari ni dans les champs ni à la ville, si les nombres de Thrasylle les rappelaient en arrière. Avant de se faire porter à la première borne, elle en demande l'heure à son livre ;

si elle sent une démangeaison au coin de son œil, elle cherche des collyres dans son horoscope. Malade au lit, elle ne prendra de nourriture qu'à l'heure indiquée dans son Pétosiris.

La femme d'un état médiocre parcourra l'espace délimité par les bornes du Cirque, consultera le sort, présentera le visage et la main au devin qui réclame de chaleureux applaudissements. Aux riches, c'est l'augure attiré à prix d'or de la Phrygie et de l'Inde qui fournira des réponses, ou bien c'est quelque vieillard, versé dans la science des astres et purificateur des lieux publics frappés par la foudre. Le destin populaire se révèle au Cirque et sur les remparts. Celle qui n'étale pas l'or sur son cou demande, devant les tours de bois et les colonnes des dauphins, si elle ne doit pas quitter le cabaretier pour épouser le fripier.

Celles-ci, toutefois, courent les risques de l'enfantement et supportent les pénibles fonctions de nourrice, sous la poussée de la misère; mais les femmes ne connaissent guère l'accouchement sur un lit doré: tant sont puissants l'art et les drogues du mercenaire qui rend stérile ou tue le germe dans le ventre!

Réjouis-toi, malheureux, et quel que soit le breuvage, présente-le toi-même; car, si ta femme consentait à charger ses flancs distendus d'un fruit tressaillant, tu serais peut-être le père d'un Éthiopien ; bientôt s'inscrirait sur ton testament un héritier nègre que tu n'oserais jamais regarder au jour.

Je passe sous silence les enfants supposés, recueillis près de l'infâme Vélabre pour tromper les vœux et la joie d'un mari ; c'est parmi eux qu'on prend les prêtres Saliens qui porteront le nom usurpé de Scaurus. L'impudente Fortune veille la nuit, sourit à ces enfants dénudés, les prend dans ses bras, les met sur son giron ; puis, elle les introduit dans les palais où elle se prépare des acteurs mystérieux ; voilà ceux qu'elle aime, qu'elle caresse et qu'en riant elle montre comme ses nourrissons.

L'un propose des formules magiques, l'autre vend des filtres de Thessalie, dont on peut troubler la tête d'un mari, tandis qu'on lui décoche un coup de pied au derrière. Voilà pourquoi tu déraisonnes, voilà d'où viennent les nuages de ton cerveau et le profond oubli de tes actions les plus récentes. Passe encore, si tu ne tombes dans le délire, comme cet oncle de Néron, à qui Césonia fit avaler l'hippomane dissous d'un jeune poulain. Quelle femme n'imiterait l'épouse de César? Tout était en flammes, tout s'écroulait, comme si Junon avait frappé de folie son époux. Le champignon d'Agrippine fut donc moins fatal, puisqu'il ne s'attaqua qu'aux entrailles d'un vieillard et força à gagner le ciel une tête tremblante et une bouche distillant une salive continuelle. Ce breuvage appelle le fer, le feu, les supplices ; il déchire et mêle le sang des chevaliers à celui des sénateurs. Voilà les méfaits de l'hippomane ! Voilà ce que peut une seule empoisonneuse !

Les femmes détestent les enfants d'une concubine: personne ne les blâme, personne ne s'y oppose ; il est permis de tuer l'enfant d'un autre lit. Je vous en avertis, pupilles qui avez du bien, veillez sur vos jours et ne vous fiez à aucune table : les mets les plus succulents sont empoisonnés par une main parricide. Qu'un autre goûte aux plats que vous présente celle qui vous a enfantés et qu'un gouverneur tremblant déguste d'abord vos boissons.

J'invente sans doute, et, ma satire chaussant le haut cothurne, j'oublie le but et les règles de mon genre, et chante avec l'accent d'un Sophocle en poète grandiloquent, inconnu aux montagnes des Rutules et au ciel du Latium. Plût aux dieux! Mais Pontia s'écria :

— Je l'ai fait, je l'avoue, à mes propres enfants je préparai le poison ; on me surprit; cependant je parachevai mon crime !

— Tes deux enfants, horrible vipère, tu les tuas à la fois ?

— Sept, s'ils eussent été sept !

Croyons donc tout ce que les tragiques nous ont dit de la féroce Médée et de Procné. Je n'oppose plus rien ; celles-ci, en vérité, commirent des crimes exécrables pour leur époque, mais du moins l'intérêt n'y joua aucun rôle. Les grands forfaits nous doivent inspirer moins d'étonnement, lorsque c'est la haine qui les inspire à ce sexe dangereux. Sous la poussée de la passion en furie, les femmes se précipitent, et c'est ainsi qu'un rocher arraché d'une cime s'élance et roule en liberté sur le flanc rapide de la montagne. Je hais d'abord celle qui calcule et commet de sang-froid un grand forfait. Elles admirent le dévouement d'Alceste se sacrifiant pour son époux ; qu'il s'offre une pareille alternative, elles préféreront la mort d'un mari à la mort d'une chienne. Tu rencontreras beaucoup de Danaïdes et d'Eriphiles : demain chaque quartier aura sa Clytemnestre furieuse et affolée. Toute la différence, c'est que la fille de Tyndare tenait des deux mains la hache à deux tranchants, tandis que de nos jours les choses se passent à l'aide d'un mince poumon de grenouille. Ce n'est pas que le fer n'intervienne, si leur prudent Atride s'est prémuni d'antidotes, à l'exemple de ce roi du Pont, trois fois vaincu.

PERVIGILIUM VENERIS

La VEILLE EN L'HONNEUR DE VÉNUS *est un joli bijou que nous donnons à titre de curiosité, et afin que la pensée antique soit connue sous ses formes les plus diverses. Cette sorte d'épithalame devait être chanté ou déclamé durant les solennités nocturnes en l'honneur de Vénus, mère de l'univers et protectrice de l'empire romain. La solennité avait lieu en avril, mois consacré à la déesse.*

Le nom de l'auteur du PERVIGILIUM VENUS *est demeuré inconnu. En présence de la retenue qui y règne, on est en droit de se demander si le poème n'est pas le pastiche d'un latiniste très au courant de la langue latine et des mœurs de la Rome antique.*

PERVIGILIUM VENERIS

Qui n'a jamais aimé, aime demain; qui a aimé, aime encore!

Déjà l'aimable printemps, l'harmonieux printemps fait renaître l'univers. Au printemps s'engagent les amours, au printemps s'accouplent les oiseaux, et les bois, fécondés par les pluies, déploient leur verte chevelure. Demain la protectrice des amours déploie, sous l'ombrage des arbres, des tentes verdoyantes avec des branches de myrte entrelacées ; demain, du haut de son trône, Dioné dicte ses lois.

Qui n'a jamais aimé, aime demain ; qui a aimé, aime encore !

C'est à pareil jour qu'au milieu d'une troupe azurée et des chevaux marins, Thétis fit jaillir des ondes Vénus, fille du sang des dieux et d'un tourbillon d'écume.

Qui n'a jamais aimé, aime demain; qui a aimé, aime encore !

C'est elle qui embellit l'année de fleurs éclatantes comme la pourpre ; c'est elle qui, au souffle du zéphir, presse les boutons naissants de reprendre leur place ; c'est elle qui répand la rosée humide et transparente que dépose l'haleine de la nuit. Ces larmes étincelantes, entraînées par leur poids, se balancent et s'arrondissent en gouttelettes pour arrêter leur chute prochaine, et trahissent la pudeur de la fleur vermeille. Cette rosée, que les astres distillent dans les nuits sereines, détache, le matin, la ceinture virginale des humides boutons. Vénus elle-même ordonne à la rose ainsi humectée de convoler au lever de l'aurore. Issue du sang de Cypris, des baisers de l'Amour, des rayons brillants et des feux pourprés du Soleil, demain, la jeune épouse ne rougira plus d'écarter les nœuds jaloux qui voilaient sa beauté sous une robe de carmin.

Qui n'a jamais aimé, aime demain ; qui a aimé, aime encore !

La déesse a dit à ses Nymphes de se rendre dans un bosquet de myrtes. Son fils les accompagne. Mais l'Amour n'a pas un air de fête quand il porte des flèches. Allez, Nymphes, il a déposé ses armes ; l'Amour est en fête. Il a reçu ordre de paraître nu et sans armes, pour que son arc, ses traits, ses feux ne blessent personne. Cependant, Nymphes, prenez garde : l'Amour est beau, l'Amour quand il est nu, est tout entier sous les armes.

Qui n'a jamais aimé, aime demain; qui a aimé, aime encore !

Chaste Diane, Vénus t'envoie des vierges pudiques comme toi. « Nous te demandons, disent-elles, une seule faveur : éloigne-toi, Vierge de Délos, afin que ton bosquet ne soit point souillé du sang des bêtes sauvages. Elle eût désiré t'inviter elle-même, si elle eût cru pouvoir fléchir ta pudeur ; elle eût désiré que tu vinsses à sa fête, si sa fête eût convenu à une vierge. Tu aurais vu, pendant trois nuits, des chœurs de danse mêlés à des troupes joyeuses; parcourir tes bois, au milieu des guirlandes de fleurs et des tentes de myrte. Bacchus, Cérès et le dieu des poètes seront fidèles au rendez-vous. La nuit, du soir au matin, retentira d'hymnes d'allégresse. Laisse Vénus régner dans tes orêts; éloigne-toi, Diane. »

Qui n'a jamais aimé, aime demain; qui a aimé, aime encore !

La déesse a fait élever son trône sur les fleurs de l'Hybla. Assistée des Grâces, elle y prononcera ses arrêts. Hybla, répands toutes les richesses que te prodigue le printemps; amoncelle tes trésors à la hauteur des coteaux fleuris d'Enna. Là se rencontreront les vierges des champs, des montagnes, des forêts, des bois sacrés et des fontaines. La mère de l'Amour les a toutes invitées à sa fête, en leur recommandant de se défier de son fils sans armes.

Qui n'a jamais aimé, aime demain; qui a aimé, aime encore !

Que vos fronts soient couronnés de verts rameaux et de fleurs nouvelles. C'est demain que le Ciel célèbre son hymen avec la Terre. Invitant tous les nuages à féconder l'année, le père du printemps descend en larges pluies dans le sein de son épouse adorée, et cette grande mêlée développe le germe des fruits. Vénus fait circuler ses feux secrets dans les entrailles et dans les veines de tous les êtres qu'elle assujettit à son amoureux empire; et dans les cieux, sur la terre, au fond des flots, elle leur enseigne les éternelles voies de la reproduction, et contraint l'univers de se régénérer.

Qui n'a jamais aimé, aime demain; qui a aimé, aime encore !

C'est elle qui transporte ses descendants, les Troyens, dans le Latium; c'est elle qui unit à son fils la vierge de Laurente, et fit épouser à Mars une chaste vestale; c'est elle qui préside aux noces des Romains et des Sabines, d'où sortent les patriciens et les plébéiens; c'est elle enfin qui termine la postérité de Romulus par César et son petit-fils.

Qui n'a jamais aimé, aime demain; qui a aimé, aime encore!

La volupté féconde les campagnes, les campagnes ressentent l'influence de Vénus. C'est dans les champs, dit-on, que naquit l'Amour lui-même. Ce fut la terre qui, à sa naissance, le recueillit sur son sein, et l'éleva parmi les doux baisers des fleurs.

Qui n'a jamais aimé, aime demain; qui a aimé, aime encore!

Mais déjà les taureaux s'étendent sur les genêts. Chacun d'eux repose en paix, soumis aux lois de l'hymen. Voyez les brebis couchées à l'ombre avec les béliers! Dociles aux ordres de la déesse, les oiseaux soutiennent leur mélodieux ramage ; les cygnes bruyants font retentir les marais de leur voix sonore ; la fille de Térée leur répond, à l'ombre d'un peuplier. Telle est l'harmonie de ses chants qu'ils semblent noter les soupirs de l'amour, et qu'on ne pourrait croire qu'elle se plaint du barbare époux de sa sœur. Elle chante, et *moi je me tais! Quand viendra mon printemps? Quand ferai-je comme l'hirondelle? Quand ne me tairai-je plus? Le silence a perdu* ma Muse, Apollon ne daigne point m'honorer d'un regard... Le silence perdit aussi Amyclée.

Qui n'a jamais aimé, aime demain; qui a aimé, aime encore!

HÉROÏDES

Nous clorons cette étude par les Héroïdes *d'Ovide et d'Aulus Sabinus. Ce dernier poète, en effet, se plut à répondre ou mieux à faire répondre Ulysse, Démophoon et Pâris aux lettres que l'auteur de* l'Art d'aimer *avait dictées à Pénélope, à Phyllis et à Enone. Ainsi opposées, ces* Héroïdes *feront mieux ressortir le talent naissant d'Ovide et la fantaisie assez souvent obscure d'Aulus Sabinus. Dans tous les cas, elles montreront sous une face nouvelle la conception que la Rome antique se faisait de l'amour. A la lettre de Briséis à Achille, d'Ovide, Aulus Sabinus n'a pas écrit de réponse. Nous la donnons cependant, ainsi que celle de Phèdre à Hippolyte, parce qu'elles peuvent passer pour les plus belles Héroïdes de l'antiquité.*

ÉPITRE PREMIÈRE

PÉNÉLOPE A ULYSSE

C'est ta Pénélope qui t'envoie cette lettre, ô trop tardif Ulysse ; non pas pour que tu lui répondes, mais pour que tu viennes toi-même. Elle est certainement tombée, cette Troie odieuse aux filles des Grecs. Priam et Troie entière devaient-ils me coûter si cher ? Oh ! que n'a-t-il été enseveli dans les flots courroucés, le ravisseur adultère, alors qu'il voguait vers Lacédémone ! je n'eusse pas été, sur une couche froide et solitaire, délaissée par un époux ; je n'accuserais pas la lenteur des jours, et dans mes efforts pour charmer mes nuits trop longues, une toile inachevée ne lasserait pas les mains de ta veuve.

Quand n'ai-je pas appréhendé des périls plus affreux que la réalité ? L'amour est sans cesse en proie aux affres de la crainte. Je me figurais les Troyens furieux fondant sur toi ; le nom d'Hector me faisait toujours pâlir. M'apprenait-on qu'Antiloque eût été vaincu par Hector, Antiloque était le sujet de mes alarmes ; que le fils de Ménœtius avait succombé sous des armes d'emprunt, je me chagrinais que le succès pût manquer à la ruse. Tlépolème avait rougi de son sang la lance d'un Lycien: le trépas de Tlépolème renouvela mes soucis. Enfin, quiconque avait été massacré dans le camp des Grecs, le cœur de ton amante était plus froid que la glace.

Mais un dieu équitable a exaucé mon chaste amour: Troie est réduite en cendres, et mon époux est sain et sauf. Les chefs d'Argos sont de retour; l'encens fume sur les autels; le butin des Barbares est offert aux dieux de nos pères. Les jeunes épousées apportent les offrandes de la reconnaissance pour le salut de leurs époux; et ceux-ci chantent les destins de Troie vaincus par les leurs. Les graves vieillards et les jeunes filles tremblantes les admirent; l'épouse est suspendue aux lèvres de l'époux pendant son récit. L'un d'entre eux retrace sur une table l'image affreux des combats, et dans une goutte de vin représente Pergame tout entière. Ici coulait le Simoïs; là est le port de Sigée; plus loin s'élevait le superbe palais du vieux Priam. En cet endroit campait le fils d'Éaque; Ulysse en cet autre; c'est là que Hector en lambeaux épouvanta les coursiers qui le traînaient. Le vieux Nestor avait tout raconté à ton fils envoyé à ta recherche, et ton fils me l'avait redit. Il me dit encore Rhésus et Dolon égorgés par le fer, et comment l'un fut trahi dans les bras du sommeil, l'autre par une ruse. Tu as osé, ô trop, trop oublieux des tiens, pénétrer par une fraude nocturne dans le camp des Thraces, et immoler tant de guerriers à la fois avec le secours d'un seul homme. Voilà donc ta prudence, et c'est ainsi que tu te souvenais d'abord de moi ! La peur a sans cesse fait battre mon cœur, tant qu'on ne m'a pas dit que tu avais traversé en vainqueur, sur les coursiers d'Ismare, des cohortes amies.

Mais enfin, à quoi me sert-il qu'Ilion ait été renversée par vos bras, et qu'il n'y ait plus que la place des remparts, si je reste ce que j'étais avant la ruine de Troie, si l'absence de mon époux n'a pas de terme ? Pergame est détruite pour les autres, pour moi seule elle reste debout, et le bœuf captif y promène la charrue d'un étranger vainqueur. Déjà croît la moisson dans les champs où fut Troie; et la terre, grasse du sang phrygien, offre au tranchant de la faux sa culture luxuriante. Le soc recourbé heurte les ossements à demi ensevelis des guerriers; l'herbe recouvre les demeures en ruines. Vainqueur, tu es absent; et je ne puis apprendre ni le motif de tes retards, ni en quelle contrée du globe tu te caches. Chaque étranger qui dirige sa poupe vers ces bords, part d'ici pressé par mes nombreuses questions et porteur d'une lettre écrite de ma main, qu'il doit te remettre, si toutefois il parvient à te voir. J'ai envoyé à Pylos, domaine du fils de Nélée, l'antique Nestor : de vagues renseignements me sont parvenus de Pylos; j'ai envoyé à Sparte : Sparte aussi ignore la vérité; elle ignore quelle terre tu habites, où tu prolonges ton séjour. Il serait plus avantageux que les remparts de Thèbes subsistassent encore (hélas ! inconséquente, je m'irrite contre mes propres vœux !);

je saurais au moins où tu combats et ne craindrais que la guerre, et ma plainte se mêlerait à beaucoup d'autres. Je ne sais ce que je crains ; cependant je crains tout, dans ma folie, et un vaste champ est ouvert à mes inquiétudes. Tous les périls de la mer, tous ceux de la terre, je les soupçonne d'être la cause de si longs retards. Tandis que je me livre, à ces pensées, peut-être (car tel est votre caprice !) es-tu la proie d'un amour étranger. Peut-être parles-tu de la rusticité de ton épouse, bonne seulement à dégrossir la laine.

Mais, que je me trompe et que cette accusation s'évanouisse : libre de revenir, tu ne veux pas être absent. Mon père Icare me contraint d'abandonner une couche solitaire; incessamment il condamne ces retards interminables. Qu'il les condamne à son aise : je suis à toi ; il faut que Pénélope soit appelée ta femme ; toujours je serai l'épouse d'Ulysse. Cependant, mon père, vaincu par mon amour et mes pudiques prières, modère même son autorité. Une troupe d'amants de Dulichium, de Samos et de la la superbe Zacynthe s'attachent passionnément à mes pas : ils règnent dans ta cour sans résistance. On déchire mon cœur, on dilapide tes richesses. Te nommerai-je Pisandre, Polybe, Médon le cruel, et Eurymaque et Antinoüs aux mains avides, et d'autres encore que ton absence repaît honteusement des biens acquis au prix de ton sang? L'indigent Irus, et Mélanthe, qui mène les troupeaux aux pâturages, sont la dernière plaie qui ronge tes domaines.

Nous sommes trois faibles créatures : une épouse sans défense, Laërte vieillard, et Télémaque enfant. Celui-ci, des embûches me l'ont presque enlevé, tandis qu'il se préparait, malgré tous, à se rendre à Pylos. Veuillent les dieux que l'ordre accoutumé des destins s'accomplisse, et qu'il nous ferme les yeux à toi, et à moi ! C'est ce que désirent et la vieille nourrice, et le gardien de nos bœufs, et celui qui veille fidèlement sur l'étable immonde. Mais Laërte même, inutile aux armes, ne peut régner au milieu des ennemis. Avec l'âge, Télémaque, pour peu qu'il vive, se fortifiera : maintenant il faudrait que son père le protégeât de son bras. Je n'ai pas la force pour repousser du palais nos ennemis. Viens en toute hâte ; tu es notre port de salut, notre asile. Tu as, et puisses-tu l'avoir longtemps ! un fils qui, dans ses tendres années, devait être instruit dans la science de son père. Regarde Laërte : c'est afin que tu lui fermes les yeux qu'il diffère le jour suprême du destin. Quant à moi certes, jeune à ton départ, quelque prompt que soit ton retour, je serai devenue vieille.

ÉPITRE DEUXIÈME

RÉPONSE D'ULYSSE A PÉNÉLOPE

C'est par hasard, Pénélope, que ta chère lettre est enfin parvenue au malheureux Ulysse. J'ai reconnu ta main chérie et ton cachet fidèle, qui soulagèrent mes longs tourments.

Tu m'accuses de paresse. J'aimerais mieux qu'il en fût ainsi, que d'avoir à te raconter tout ce que j'ai souffert, et tout ce que je dois souffrir encore. Ce n'est pas le reproche que me fit la Grèce, quand une feinte démence retenait mes voiles dans le port d'Ithaque : je n'avais ni le désir ni la force de renoncer à ta couche ; toi seule étais la cause de ma supercherie. Pour toute réponse à ta lettre, je me hâtais de revenir; mais le Notus s'est opposé à mon départ.

Je ne suis point retenu par Troie, devenue un objet de haine pour les femmes de la Grèce ; Troie n'est plus qu'un monceau de cendres et qu'un champ désolé. La mort a frappé Déiphobe, Asius, Hector, et tous ceux qui t'inspiraient des craintes. J'ai échappé aux dangers de la guerre en tuant Rhésus, roi des Thraces, et je suis revenu dans mon camp sur ses chevaux captifs. J'ai enlevé sain et sauf dans le temple de la Pallas phrygienne le gage sacré de la victoire. Renfermé dans le cheval de bois, je n'ai point éprouvé de terreur, malgré les importunes suggestions de Cassandre, qui s'écriait : « Troyens, brûlez, brûlez le cheval; ce colosse imposteur renferme des Grecs, qui vont porter les derniers coups aux malheureux Troyens ! » Achille était privé des suprêmes honneurs du tombeau; je l'emportai sur mes épaules, et le rendis à Thétis. Les Grecs n'ont pas méconnu mon zèle : j'ai reçu les armes du héros dont j'avais sauvé la dépouille. Mais, hélas! elles sont ensevelies dans les flots. Je n'ai plus de flotte; mes compagnons sont morts ; la mer a tout englouti.

Il ne me reste plus que l'amour, qui fait tout supporter, et qui m'a soutenu au milieu de tant d'infortunes. Rien n'a pu en triompher, ni la fille de Nisus avec ses chiens avides, ni les flots bouillonnants de Charybde, ni le cruel Antiphate, ni l'étrange Parthénope, malgré la séduction de ses perfides accents. En vain Circé recourut aux philtres de Colchos; en vain une autre déesse m'offrait un hymen solennel. Toutes deux me promirent en vain l'immortalité, et m'assurèrent qu'elles m'ouvriraient le chemin des enfers : au mépris d'un si bel avenir, toi seule occupais mes pensées, destiné que j'étais à souffrir tant de maux sur la terre et sur les flots.

Mais, peut-être préoccupée d'un nom de femme, ne liras-tu pas ma lettre sans inquiétude ; peut-être Circé et Calypso ont-elles depuis longtemps fait naître en toi quelque trouble inconnu. Et moi, lorsque j'ai lu les noms d'Antinoüs, de Polybe et de Médon, tout mon sang n'était-il pas glacé dans mes veines? Parmi tant de jeunes prétendants, au milieu des fumées du vin (hélas! sur quelle preuve m'appuyer pour le croire?), tu restes pure!... Mais si tes yeux sont toujours mouillés de larmes, pourquoi quelques prétendants ont-ils su te plaire? Pourquoi tes pleurs n'ont-ils pas altéré ta beauté?... Déjà même tu connaîtrais une autre couche, sans l'heureux stratagème de cette toile, que tu défais adroitement à mesure qu'elle s'achève. Tendre artifice! mais aurait-il le même succès toutes les fois que tu détournerais les yeux de ton travail?

O Polyphème, que n'ai-je péri au fond de ton antre! La mort m'eût épargné de si grands maux! Que ne suis-je tombé sous le fer d'un Thrace, quand mes vaisseaux errants mouillèrent à Ismare! Mieux eût-il valu être la proie de l'impitoyable Pluton, le jour où, suspendant le cours des destinées, je revins des ondes du Styx! Là, j'ai revu (c'est en vain que ta lettre n'en fait pas mention) ma mère qui vivait encore à mon départ. Son foyer avait connu les mêmes travers. Aussi, pour éviter mes reproches, elle a fui, et s'est trois fois dérobée à mes embrassements. J'ai vu le fils d'Iphyclus qui, au mépris des oracles, porta le premier la guerre dans la patrie d'Hector. Heureux époux! sa vertueuse femme l'accompagne en souriant au milieu des ombres courageuses. Lachésis n'avait pas encore compté ses années. Mais qu'il est doux de périr ainsi avant son jour ! J'ai vu (non sans répandre des larmes) Agamemnon, hélas ! défiguré par le meurtre. En vain il avait échappé au désastre de Troie, à la fureur de Nauplius et aux écueils de l'île d'Eubée ; il expira frappé de mille coups, tandis qu'il acquittait un vœu pour remercier Jupiter de son retour. Tel est le noble châtiment que lui avait préparé son épouse, quoiqu'elle eût suivi des amants étrangers.

Et moi, hélas ! lorsque, parmi les Troyennes captives, on voyait la femme et la sœur d'Hector, quelle a été ma récompense d'avoir choisi la vieille Hécube pour t'épargner le soupçon d'un amour adultère ? C'est elle qui la première lança contre mes vaisseaux une sinistre prédiction, et l'on ne retrouva plus ses membres. Des aboiements avaient succédé à ses plaintes lamentables; elle s'était figée soudain sous les traits d'une chienne enragée. Thétis, par ce prodige, troubla le calme de la mer ; Éole déchaîna les autans furieux. Depuis ce jour, je promène mes malheurs dans tout l'univers, et je suis partout le jouet des vents et des flots.

Mais si Tirésias fut non moins infaillible augure pour le bien que devin véridique pour le mal, après avoir tristement vérifié ses oracles sur la terre et sur la mer, je commence à voguer sous de plus heureux auspices. Déjà Minerve, devenue ma compagne sur un rivage inconnu, dirige mes pas chez des peuples hospitaliers. Elle m'apparut pour la première fois après les funérailles de Troie. Jusqu'alors, je n'avais éprouvé que sa colère. L'attentat dont le fils d'Oïlée se rendit seul coupable, attira sur tous les Grecs la funeste colère de cette déesse. Elle ne t'épargna pas, Diomède, toi dont elle avait naguère favorisé les armes; toi aussi, tu viens d'errer autour du monde. Elle frappa Teucer, fils de Télamon, pour l'enlèvement d'une épouse, ainsi que le chef qui commandait mille vaisseaux.

Bienheureux Ménélas ! dans quelque condition que tu te sois trouvé avec ton épouse chérie, elle ne te fut pas à charge. Que le vent ou le flot suspendît la traversée, rien ne nuisit à votre amour; ni les vents ni les vagues n'arrêtèrent vos baisers ; vous étiez toujours prêts à vous élancer dans les bras l'un de l'autre. Puissé-je naviguer ainsi, ma chère épouse ! tu apaiserais les flots; avec toi, je n'aurais aucun malheur à redouter. Maintenant même, en apprenant par ta lettre que Télémaque est, comme toi, sain et sauf, tous mes maux me paraissent plus légers. Cependant je me plains de ce qu'il voyage encore sur des mers orageuses pour se rendre à la Sparte d'Hercule et à la Pylos de Nestor. La piété filiale s'altère au milieu de tant de périls ; on a eu tort d'exposer Télémaque à l'océan.

Mais son voyage touche à sa fin. Un devin a prédit que nous nous rencontrerions sur le même rivage. « Cher enfant, tu jouiras des embrassements des tiens. Je me ferai reconnaître à toi seul. Cache habilement ta joie; renferme ton bonheur au fond de ton cœur. Point de lutte violente, point de guerre ouverte. » Tel a été l'avis du devin inspiré par Apollon. Peut-être, avant qu'on ait goûté aux vins et aux mets, ma vengeance trouvera-t-elle l'occasion de vider mon carquois; et le mépris qu'on avait pour Ulysse se changera soudain en admiration. Qu'il se hâte donc de luire cet heureux jour qui ravivera notre ancien hyménée et qui fixera enfin ton époux près de toi, ô ma chère épouse !

ÉPITRE TROISIÈME

PHYLLIS A DÉMOPHOON

Ta Phyllis du mont Rhodope, ton hôtesse, Démophoon, se plaint de ton absence prolongée au delà du terme fixé. Après que la lune aurait quatre fois rapproché ses croissants et arrondi son disque, ton ancre devait être jetée sur nos bords. Quatre fois la lune a disparu, quatre fois elle fut pleine, et l'onde de Sithonie ne ramène pas les navires de l'Attique. Si tu comptes les instants, et les amants savent compter, ma plainte n'arrive pas avant le jour convenable. L'espérance aussi fut lente à m'abandonner : on croit tardivement ce qui afflige lorsqu'on l'a cru ; et maintenant que je m'afflige, c'est encore malgré moi. Souvent je me mentais à moi-même à ton sujet ; souvent j'ai pensé que les orageux Notus ramenaient tes blanches voiles. J'ai maudit Thésée parce qu'il s'opposait à ton départ ; mais peut-être n'a-t-il pas retenu ta course. Quelquefois j'ai craint qu'en te dirigeant vers les ondes de l'Hèbre, ta nef ne pérît submergée dans les flots écumeux. Souvent j'ai adressé pour toi, cruel, une prière suppliante aux dieux, et fait brûler l'encens en leur honneur. Souvent, à la vue des vents favorables au ciel et sur la mer, je me suis dit à moi-même : « S'il n'est pas malade, il vient. » Enfin, tous les obstacles à la promptitude d'un retour, mon fidèle amour les a imaginés ; j'ai été ingénieuse à trouver des prétextes. Mais ton absence se prolonge, et ni les dieux, que tu as pris à témoin, ni mon amour, ne te touchent, et ne te ramènent. Démophoon, tu as livré aux vents et tes paroles et tes voiles : je me plains que le retour manque aux voiles, et la foi aux paroles.

Dis-moi : qu'ai-je fait, que de t'avoir imprudemment aimé ? J'ai pu, par ma faute, avoir mérité ta reconnaissance. Mon seul crime, perfide, est de t'avoir reçu, mais ce crime a tout le poids, tout le mérite d'un bienfait. Où sont maintenant les serments, la la foi jurée et le serrement de nos mains ? où sont les dieux dans ta bouche parjure ? où est cette hyménée qui devait, selon ta promesse nous unir pour toujours, qui était le garant et la caution de notre alliance? Tu jurais par la mer, jouet des ondes et des vents, par celle que tu avais souvent parcourue, que tu devais parcourir encore ; par ton aïeul (est-il donc lui-même un imposteur ?) qui calme les flots soulevés par l'ouragan ; par Vénus et ses traits trop puissants sur mon cœur, soit les traits de l'arc, soit les traits du flambeau ; par Junon, auguste déesse qui préside au lit nuptial, et par les mystères sacrés de la déesse armée d'une torche. Si de tant de divinités outragées chacune tire sa vengeance, à toi seul tu ne suffiras pas aux châtiments.

Mais, dans ma folie, j'ai même réparé ta flotte endommagée, afin que tes vaisseaux fussent solides pour m'abandonner ! Je t'ai donné des rameurs, pour favoriser ta fuite ; je souffre, hélas ! des blessures que mes traits ont faites. J'ai cru aux douces paroles dont tu es prodigue, et à ta naissance et à tes titres; j'ai cru à tes larmes : apprennent-elles aussi à feindre ? ont-elles aussi leur art, et coulent-elles au commandement? J'ai cru enfin aux dieux. Maintenant, que sont devenus tous ces gages de tendresse ? Un seul eût suffi pour me perdre. Pourtant je ne regrette pas de t'avoir ouvert un port et un asile : ce devait être le plus signalé de mes bienfaits. Je me repens d'y avoir mis le comble en t'associant à ma couche, et d'avoir pressé ton flanc contre mon flanc. La nuit qui précéda cette nuit, je voudrais qu'elle eût été la dernière : Phyllis pourrait mourir honnête. J'espérais mieux, parce que je pensais l'avoir mérité : toute espérance qui naît du mérite est légitime.

Tromper une jeune fille crédule n'est pas une gloire coûteuse. Ma candeur méritait une récompense. J'ai été séduite par tes paroles, en femme et en amante : fassent les dieux que ce soit là ton suprême triomphe ! Que ta statue s'élève parmi les Égides au centre de la ville ; qu'au-dessus brille ton père, avec ses titres pompeux. Après qu'on aura lu les noms de Scyron, du farouche Procruste, de Sinis, et du monstre à la double forme de taureau et d'homme, et Thèbes soumise par la guerre, et la défaite des Centaures, et la descente au sombre empire du noir Pluton ; que ton image, après lui, soit soulignée de cette inscription : « Voici celui qui, par une ruse, trompa l'amante dont il fut l'hôte. » Parmi tant de hauts faits et de glorieux exploits de ton père, ton esprit n'a retenu que l'abandon de la Crétoise. La seule action qu'il se reproche est la seule que tu admires en lui. Perfide ! tu te fais l'héritier de la fraude paternelle. Quant à elle, et je ne lui porte pas envie, elle jouit d'un époux meilleur, et siège sur un char attelé de tigres domptés. Mais moi, les Thraces que je dédaignais refusent ma main, parce qu'on m'accuse d'avoir préféré aux miens un étranger. Certains disent : « Qu'elle aille maintenant dans la docte Athènes : un autre se trouvera pour régir la Thrace belliqueuse. » L'événement justifie l'entreprise. Je souhaite qu'il manque de succès, celui qui juge une action par l'événement. Mais si nos mers blanchissent sous ta rame, alors, oui alors on dira que je fus bien inspirée pour moi et pour les miens. Mais je ne l'ai pas été : ni mon palais ne te reverra, ni l'onde bistonienne ne lavera tes membres fatigués.

Mes yeux gardent le tableau de ton départ, lorsque ta flotte, prête à voguer, stationnait dans mes ports. Tu osas m'embrasser, et, suspendu à mon cou, imprimer sur mes lèvres de longs baisers ; confondre tes larmes avec mes larmes ; te plaindre que la brise favorable enflât tes voiles ; et, en me quittant, m'adresser cette parole suprême : « Phyllis, tâche d'attendre ton Démophoon. » T'attendre, toi qui partis pour ne me revoir jamais ! attendre des voiles refusées à mes flots ! Et cependant, j'attends. Reviens à ton amante, quoique tardivement : que ta foi n'ait failli que sur le temps !

Que demandé-je, infortunée ? Déjà peut-être te retiennent une autre épouse et un amour qui m'a souri pour mon malheur. Depuis que ton cœur m'a oubliée, tu ne connais plus de Phyllis, je pense. Hélas ! tu demandes si je suis quelque Phyllis, et d'où je viens. Je suis celle qui t'offrit, Démophoon, après avoir longtemps erré sur les mers, les ports de Thrace et l'hospitalité ; celle dont la générosité te secourut ; qui, riche lorsque tu étais pauvre, te fit beaucoup de présents, t'en devait faire beaucoup ; qui te soumit le vaste royaume de Lycurgue, à peine capable d'être gouverné par un sceptre de femme, là où le Rhodope glacial s'étend jusqu'aux forêts de l'Hémus, et le fleuve sacré de l'Hèbre épanche les ondes de ses affluents ; qui te sacrifia sa virginité sous de sinistres auspices, et dont ta main fallacieuse détacha la pudique ceinture. Tisiphone présida avec des hurlements à cet hymen, et un oiseau de malheur entonna un chant de tristesse. Alecto fut présente, avec son collier de courtes vipères, et la torche sépulcrale secoua ses lueurs.

Cependant je me promène, triste, sur les récifs et le rivage buissonneux ; et, sur la vaste étendue des mers, soit que le jour dilate le sol, soit que les astres luisent dans la froidure, mes yeux examinent quel vent agite les mers. Et quelques voiles que j'aie aperçu venir dans le lointain, j'augure aussitôt que ce sont mes dieux. Je m'avance dans les mers, à peine retenue par les ondes, jusqu'à l'endroit où le flot mobile soulève ses premières vagues. Plus la voile approche, moins je me possède ; je me sens défaillir et tombe entre les bras de mes femmes.

Il est un golfe légèrement arqué en demi-cercle ; un môle se dresse à l'extrémité des deux cornes. De là j'eus la pensée de me précipiter dans les ondes qui en baignent le pied, et puisque tu persistes à me tromper, cela sera ! Que les flots portent ma dépouille contre tes rivages ; que tes yeux rencontrent mon cadavre sans sépulture ! afin que tu te montres plus dur que le fer, que le diamant, que toi-même ! « Ce n'est pas ainsi, diras-tu, que tu devais me suivre, ô Phyllis ! » Souvent j'ai la soif des poisons ; souvent je voudrais périr par une mort sanglante, percée d'un glaive. Aussi, puisque mon cou s'est laissé presser dans tes bras infidèles, il me plairait de l'étreindre d'un lacet. Ma résolution est prise : une prompte mort vengera mon honneur ; le choix du trépas m'arrêtera peu de temps. On inscrira sur mon sépulcre, l'odieuse cause de ma mort ; ce vers, ou tout autre semblable, te fera connaître :

« Démophoon a tué Phyllis, l'hôte, sa maîtresse ; c'est lui qui a causé sa mort, elle qui l'a consommée. »

ÉPITRE QUATRIÈME

RÉPONSE DE DÉMOPHOON A PHYLLIS

C'est de sa ville natale que Démophoon t'écrit, Phyllis, et il n'a pas oublié qu'il te doit sa patrie. Il n'a pas brûlé d'un feu nouveau, il n'a pas désiré une autre épouse, et il est maintenant moins heureux qu'il ne le fut près de toi.

O ma Phyllis, les infortunes de Thésée, que tu craignais à tort d'avoir pour beau-père, auraient-elles ébranlé ton amour ? — Quelle honte pour moi ! Un étranger l'a chassé de son trône. Voilà le terme où l'a conduit une longue vieillesse, lui qui, digne émule du grand Alcide, vainquit les Méotides armés de boucliers, lui qui força Minos, son redoutable ennemi, à devenir son beau-père, Minos, frappé d'étonnement devant la fuite du monstre issu de lui.

Qui le croirait ? on m'accuse d'avoir été la cause de son exil ; et mon frère ne me laisse pas libre de me justifier ou de me taire. « Tandis que tu pressais ton mariage avec ta chère Phyllis, me dit-il, tandis que tu mêlais tes feux à ceux d'une étrangère, le temps a fui d'une aile rapide, et le jour du deuil a devancé ton retour. Si tu n'as pu prévenir le mal, tu peux du moins le réparer. Quel charme trouves-tu donc dans le royaume du Rhodope, pour préférer une jeune fille à ta patrie ? » Tels sont les reproches d'Acamas ; et tels ceux d'Éthra, qui touche à la fin de sa triste carrière ; elle craint que les mains de son enfant ne lui ferment point les yeux, et sans cesse elle m'accuse d'avoir par mes délais occasionné ce malheur.

Non, je ne le nierai point : lorsque mon navire mouillait dans les eaux de la Thrace, tous deux ils s'écrièrent : « Que tardes-tu, Démophoon ? les vents appellent tes voiles. Songe, songe comme il sied à tes dieux Pénates. Fais comme la Phyllis que tu adores : son amour l'empêche de quitter sa patrie. Elle désire que tu la rejoignes ; mais elle ne s'engage point à t'accompagner au retour, et préfère à ton empire un royaume étranger. »

Souvent, je m'en souviens, j'opposai le silence à ces reproches, et je fis des vœux pour que les Notus me fussent contraires ; souvent, au moment du départ, t'enlaçant dans mes bras, je me réjouissais de voir la mer enfler ses vagues furieuses. Et je ne craindrai pas de le déclarer, même devant mon père : « Ma liberté est ton œuvre. Ce n'est point avec un cœur ingrat que je me suis séparé de ma chère Phyllis ou que je me suis hâté de mettre à la voile. J'ai pleuré, et, plus d'une fois, occupé de la consoler, j'ai oublié le jour fixé de mon départ. Enfin, je suis parti sur le vaisseau de la Thrace. Phyllis n'avait pu me le refuser; mais elle avait recommandé de conduire lentement mon navire. Ô mon père, pardonne-moi cet aveu. Toi-même, souviens-toi de la fille de Minos; ton cœur n'a pas encore oublié cet ancien amour; et, toutes les fois que tu regardes les astres, tu te dis : « L'étoile qui brille au ciel fut jadis mon amante. Dans la suite, Bacchus te supplia de lui accorder cette épouse chérie; mais on lui reproche de l'avoir abandonnée. »

Et moi aussi, comme mon père, on me traitera de parjure; et toi, cruelle Phyllis, tu n'examineras pas les causes de mon retard. Et pourtant, peux-tu douter de mon retour, quand je te jure que nul amour ne me retient? N'as-tu jamais ouï parler, Phyllis, des désordres du palais de Thésée et des malheurs de sa maison? Ignores-tu que je pleure ma douce mère morte par le lacet? Hélas! un plus triste sujet de douleur m'accable. Tu connais mon frère Hippolyte? L'infortuné périt entraîné dans les flots par ses chevaux épouvantés.

Je ne prétends point m'excuser, quoique le sort m'en fournisse mille motifs; je ne te demande qu'un court délai. Je dois, avant tout, m'occuper des obsèques de mon père Thésée; il convient que je lui élève un magnifique tombeau. Je t'en prie, accorde-moi du temps. Mon absence n'est pas une perfidie; il n'est point de royaume qui me soit plus cher que le tien. Tout le bonheur que j'ai goûté après la ruine de Troie, toutes les émotions que m'ont fait éprouver la guerre et ma traversée, c'est à la Thrace que je les dois : cette nouvelle patrie ébranle mon cœur ; toi seule tu peux mettre fin à mes peines.

Oh ! si tu conserves les mêmes sentiments, je serai peu ébloui de mon riche palais, qui égale en grandeur la citadelle d'Athènes ; je ne m'affligerai plus des malheurs de mon père, ni des crimes de ma mère ; et Démophoon ne redoutera aucun présage. Quoi ? si tu deviens mon épouse, je ne craindrai pas de retourner à Troie la divine, et d'y combattre encore pendant dix ans. Tu connais Pénélope, que l'univers entier vante comme le plus beau modèle de la fidélité conjugale. C'est elle qui, en tissant une toile trompeuse, ajourna, dit-on, habilement, l'ardeur de ses prétendants, et qui, la nuit, défaisait l'ouvrage qu'elle hâtait le jour, pour le recommencer le lendemain.

Mais peut-être, Phyllis, crains-tu que les Thraces, dédaignés, ne refusent ta main. Cruelle, pourrais-tu donc chercher parmi eux un époux ? Aurais-tu le courage d'agréer leurs feux ? Ne craindrais-tu pas qu'on ne te reprochât ta perfidie ? Ah ! quelle serait ta honte ! Ah ! quels seraient tes regrets quand tu apercevrais au loin mes voiles ! combien tu condamnerais alors, mais trop tard, tes soupçons téméraires ! « Hélas ! dirais-tu, Démophoon m'était resté fidèle ; Démophoon m'est revenu après avoir essuyé peut-être la fureur de l'Eurus et le courroux des flots orageux. Hélas ! pourquoi me suis-je hâtée de le supposer coupable ? O douleur ! je l'accusais de trahison, et j'ai trahi sa foi ! »

Persiste cependant dans ta résolution, Phyllis, si tu veux que plus tard je ne sois pas pour toi un objet de douleur. De quel lacet, malheureuse! de quelle mort me menaces-tu ? Les dieux de ce peuple ne sont déjà que trop barbares. Pitié ! je t'en supplie ; cruelle, n'entache pas d'un crime nouveau ma famille déjà connue par ses perfidies. Ariane abandonnée peut, en partie, excuser mon père; mais moi, je ne mérite pas d'être appelée coupable.

Maintenant, que les vents qui ont gonflé mes voiles emportent ma lettre. Mon cœur est près de toi, mais un motif sacré me retient ici.

ÉPITRE CINQUIÈME

BRISÉIS A ACHILLE

La lettre que tu lis vient de Briséis qui te fut enlevée; à peine une main barbare a-t-elle pu en bien former les caractères grecs. Les ratures que tu apercevras, ce sont les traces de mes larmes; mais cependant les larmes ont le poids de la parole. S'il m'est permis de me plaindre un peu de toi, mon maître et mon époux, je me plaindrai un peu de toi, mon maître et mon époux. Que j'aie été livrée si vite au roi qui me réclamait, ce n'est pas ta faute, et cependant c'est aussi ta faute. Car aussitôt qu'Eurybate et Talthybius m'eurent réclamée, je fus remise à Eurybate et à Talthybius pour les accompagner. Jetant les yeux l'un sur l'autre, ils se demandaient en silence ce qu'était devenu notre amour.

On pouvait différer : le délai eût été doux à ma peine. Hélas ! en partant, je ne te donnai aucun baiser; mais des larmes, j'en versai sans fin, et je m'arrachai les cheveux. Infortunée ! il me sembla que j'étais deux fois ravie. Souvent je voulus tromper mon gardien et revenir; mais l'ennemi était là pour saisir une fille timide. Je craignais, si je me fusse échappée, d'être prise et conduite, comme une esclave, à quelque bru de Priam. Mais j'ai été livrée, parce que je devais l'être ; depuis tant de nuits je suis absente, et tu ne me redemandes pas : tu attends ; et ta colère est lente. Le fils de Ménète lui-même, alors que j'étais livrée, me dit à l'oreille : « Pourquoi pleurer ? tu seras là peu de temps. »

C'est peu de ne m'avoir pas redemandée : tu t'opposes à ce qu'on me rende, Achille. Va, maintenant, *porte le nom d'amant enflammé. Vers toi sont venus* les fils de Télamon et d'Amyntor, l'un rapproché de toi par les liens du sang, l'autre, ton compagnon, et le fils de Laërte, pour accompagner mon retour. De douces prières ont relevé le prix de dons magnifiques : vingt bassins d'airain d'un travail soigné, et sept trépieds où l'art égale la matière. On ajouta dix talents d'or, et douze chevaux accoutumés à vaincre toujours, et, ce qui est superflu, de jeunes Lesbiennes d'une beauté supérieure, prises à la ruine de leur foyer ; et, avec tout cela... (mais tu n'as pas besoin d'épouse) une des trois filles d'Agamemnon. Si tu avais voulu me racheter du fils d'Atrée à prix d'argent, ce que tu devais donner, refuses-tu de le recevoir ? Par quelle faute, Achille, ai-je mérité d'être vile pour toi ? où a fui si vite loin de moi ton volage amour ? Est-ce qu'une fortune contraire s'acharne après les malheureux ? et un vent plus doux ne vient-il pas seconder mes entreprises ?

J'ai vu les remparts de Lyrnèse renversés par ton courage, et j'ai eu moi-même une grande part aux maux de ma patrie. J'ai vu succomber trois compagnons, unis par la naissance et la mort : leur mère à tous trois était la mienne. J'ai vu mon époux gisant tout de son long sur la terre ensanglantée, vomir de sa poitrine des flots de sang. Cependant à tant de pertes tu fus ma seule compensation, tu étais mon maître, tu étais mon époux, tu étais mon frère.

Toi-même, jurant par les autels de la déesse marine ta mère, tu disais qu'il était heureux pour moi d'être prise : sans doute pour être repoussée, malgré la dot que j'apporte, et pour que tu fuies et moi-même et les richesses qu'on t'offre.

Bien mieux, on rapporte qu'aux feux de la prochaine aurore, tu livreras tes voiles de lin aux vents nuageux. Dès que cette horrible nouvelle eut frappé mes oreilles effrayées, mon sang et ma vie se glacèrent dans ma poitrine. Tu partiras ; mais à qui donc, cruel, m'abandonneras-tu dans mon malheur? délaissée, qui aurai-je pour consolation? J'en forme le vœu, puisse la terre s'entr'ouvrir soudain et me dévorer ! ou puissè-je être consumée par les feux rouges de la foudre, avant que, sans moi, les mers blanchissent sous les rames de Phthie et que je voie ta flotte partir et m'abandonner ! Si déjà le retour et le foyer paternel te plaisent, je ne suis pas un lourd fardeau pour ta flotte. Je suivrai captive un vainqueur, non épouse, un mari. J'ai des mains propres à filer la laine. Ton épouse, la plus belle parmi les femmes achéennes, ira dans ta couche comme épouse, et puisse-t-elle y aller : la bru est digne du beau-père, petit-fils de Jupiter et d'Égine, et le vieux Nérée lui servira de grand-père. Moi, d'un humble rang et ta servante, je ferai la tâche imposée, et ma trame amincira l'épais fuseau. Seulement que ton épouse ne me persécute pas, c'est la grâce que j'implore ; je ne sais pourquoi, mais je crains qu'elle ne me soit pas favorable. Ne souffre pas qu'on me coupe les cheveux en ta présence, et ne dis pas légèrement : « Elle aussi fut à moi. » Ou plutôt consens-y, pourvu que je ne sois ni délaissée, ni méprisée : cette crainte, malheureuse que je suis, ébranle tous mes membres.

Qu'attends-tu pourtant ? Agamemnon regrette son emportement; la Grèce affligée se courbe à tes genoux. Triomphe de ton âme et de ton ressentiment, toi qui triomphes du reste. Pourquoi l'infatigable Hector déchire-t-il la puissance des Grecs ? Prends tes armes, fils d'Éaque, mais auparavant rappelle-moi ; et poursuis, à l'aide de Mars, des guerriers en désordre. Pour moi s'est allumée ta colère, que pour moi elle s'apaise ; que je sois la cause et le terme de ton animosité. Ne crois pas humiliant pour toi de céder à mes prières : le fils d'Œneus a pris les armes à la prière d'une épouse. J'en ai entendu le récit, et il t'est connu. Une mère ayant perdu ses frères, maudit l'avenir et les jours de son fils. La guerre éclate : le fier guerrier dépose les armes et se retire, et refuse obstinément son secours à sa patrie. Son épouse seule put le fléchir. Elle fut plus heureuse, celle-là ! mais moi, mes paroles tombent sans poids. Je ne m'en indigne pas toutefois : je ne me suis pas comportée en épouse, esclave souvent appelée à la couche de mon maître. Une femme captive, il m'en souvient, m'appelait Maîtresse : « A l'esclavage, répondis-je, tu ajoutes le poids d'un nom. »

Pourtant, par les ossements d'un époux mal recouverts sous un sépulcre hâtif, ossements toujours vénérables à mes yeux, par les magnanimes ombres, objets de mon culte, de mes trois frères qui reposent pour la patrie et avec la patrie, par ta tête et la mienne, qui dormirent ensemble, par ton épée, arme connue des miens, je le jure, aucun Mycénien ne partagea ma couche : si je te trompe, abandonne-moi. Si maintenant je te disais, ô toi, le plus vaillant de tous : « Jure de même que tu n'as goûté sans moi aucuns plaisirs », tu ne pourrais l'affirmer. Mais les Grecs te croient plongé dans la douleur. Tu touches la lyre ; une douce amie te serre sur son sein languissant ; et si quelqu'un demande pourquoi tu refuses de combattre, c'est que le combat te répugne, alors que la cithare, le chant et l'amour te charment. Il est plus sûr de coucher sur un lit ; de tenir dans ses bras une jeune fille, de promener ses doigts sur une lyre de Thrace, que de soutenir sur son bras le bouclier et la lance au dard acéré, et sur sa tête un casque lourd. Mais tu préférais jadis les actions insignes à celles qui sont sûres, et la gloire que nous vaut la bataille était chère à ton cœur. Est-ce seulement pour t'emparer de moi, que tu aimais la guerre homicide ? et ta gloire est-elle ensevelie avec ma patrie vaincue? T'en préservent les dieux! que plutôt, je les en prie, la lance du mont Pélias, brandie par un bras vigoureux, transperce Hector.

Grecs, envoyez-moi ; ambassadrice, je prierai mon maître, et à mes discours je mêlerai beaucoup de baisers. Je ferai plus que Phénix, plus que l'éloquent Ulysse, plus que le frère de Teucer. C'est quelque chose d'entourer un cou des bras accoutumés, et d'avertir les yeux qu'on est présent. Quoique barbare, et plus féroce que les ondes de ta mère, sans que je parle, tu seras attendri par mes larmes.

Maintenant encore, puisse ton père Pélée remplir ses années, et Pyrrhus débuter au combat sous tes auspices ! Regarde Briséis en proie à l'inquiétude, valeureux Achille, et ne consume pas, cruel, une infortunée par tes délais. Ou si ton amour pour moi a fait place aux dédains, celle que tu contrains à vivre sans toi, contrains-la à mourir. Ce que tu fais l'y contraindra : l'embonpoint et les couleurs ont disparu ; cependant l'unique espoir de te posséder soutient ma vie ; si j'en suis dépossédée, j'irai rejoindre mes frères et mon époux. Et il ne sera pas glorieux pour toi qu'une femme meure par ton ordre. Mais pourquoi l'ordonner? Plonge dans mes flancs ton épée nue; j'ai du sang qui jaillira de ma poitrine ouverte. Plonges-y ce glaive, qui devait frapper le cœur d'Atride, si une déesse l'eût permis. Mais plutôt conserve ma vie, qui est un don de toi : ce que vainqueur tu donnas à une ennemie, je le demande amie. La Pergame de Neptune t'offre des victimes préférables ; un ennemi t'offrira une matière à carnage. Mais, soit que tu te disposes à faire voguer ta flotte à l'aide de rames, soit que tu restes, ordonne-moi de venir de par ton droit de maître.

ÉPITRE SIXIÈME

ÉNONE A PARIS

Me lis-tu ? ou ta nouvelle épouse s'y oppose-t-elle ? Lis : cette lettre n'a pas été écrite par une main de Mycène. C'est Énone la naïade, célèbre dans les forêts de la Phrygie, qui se plaint de tes outrages, à toi, son époux, si tu veux bien l'être. Quelle divinité a opposé son verdict à mes vœux ? par quel forfait ai-je cessé d'être à toi ? Il faut se résigner au malheur qu'on a mérité : les peines qu'éprouve une innocente, elle les éprouve avec regret.

Tu n'étais pas encore un si grand prince, lorsque je me contentai de ton hymen, quoique nymphe issue d'un grand fleuve. Maintenant fils de Priam, tu étais alors esclave (que la vérité ne t'offense pas) : nymphe, j'ai daigné m'unir à un esclave. Souvent, parmi les troupeaux, nous reposâmes à l'abri d'un arbre ; et l'herbe, mêlée au gazon, nous offrait une couche. Souvent, étendus sur le foin et la paille épaisse, une chétive cabane nous défendit contre les blancs frimas. Qui te montrait les bois propices à la chasse, et cette roche où la bête fauve cachait ses petits ? Souvent, compagne fidèle, j'ai tendu les filets aux mailles variées ; souvent j'ai poussé les chiens rapides sur la cime des monts. Les hêtres conservent mon nom gravé par toi, et on lit le mot d'Énone, inscrit par ta faucille : autant croissent les troncs, autant croît mon nom. Croissez, et dressez-vous bien haut en mon honneur ! Il est, je m'en souviens, un peuplier, planté sur la rive du fleuve, où sont gravés des caractères en mémoire de moi. « Peuplier, je t'en prie, vis, toi qui, planté le long du rivage, portes ces vers sur ton écorce ridée. Lorsque Pâris pourra respirer loin d'Énone, l'eau du Xanthe remontera vers sa source. » Xanthe, coule en arrière; ondes, revenez sur vous-mêmes : Pâris n'a pas honte d'avoir abandonné Énone.

Ce jour a marqué la destinée de la malheureuse Énone, de lui date le rigoureux hiver d'un amour changé, alors que Vénus et Junon, et la déesse à qui siéent mieux les armures, Minerve nue, vinrent se soumettre à ton jugement. A ton récit, mon cœur battit de surprise, et un froid tremblement parcourut mes membres raidis. Je consultai, car je n'étais pas médiocrement effrayée, et les femmes âgées et les vieillards : mon malheur m'apparut certain. On abat le pin, on coupe les planches, et, la flotte prête, l'onde azurée reçoit les vaisseaux enduits de cire. Tu pleuras en partant ; au moins épargne-toi de le nier : ton nouvel amour est plus honteux que le premier. Tu pleuras, et tu vis mes yeux baignés de larmes : dans notre douleur, nous confondions nos larmes. La vigne ne s'attache pas aussi étroitement à l'ormeau que tes bras se lièrent sur mon cou. Ah ! combien de fois ont ri tes compagnons, lorsque tu te plaignais d'être retenu par le vent ! le vent était propice. Combien de baisers redoublés tu me donnas en me quittant ! Comme ta langue eut à peine le courage de dire : « Adieu ! » Une brise légère enfle la voilure pendante le long du mât rigide, l'onde blanchit sous la rame qui la frappe. Je suis des yeux, malheureuse ! la voile fugitive aussi loin qu'il m'est possible ; le rivage est humecté de mes pleurs. Je demande aux Néréides marines ton prompt retour ; ton prompt retour, pour consommer ma ruine. Mes vœux t'ont rappelé, mais tu devais revenir pour une autre. Hélas ! je fus pitoyable pour une cruelle rivale.

Un môle naturel surplombe l'immensité profonde : c'est une montagne qui résiste au choc des vagues marines. De là pour la première fois j'ai reconnu les voiles de ton vaisseau, et j'eus envie de me précipiter dans les flots. Tandis que je balance, je vois briller de la pourpre au sommet de ta proue. La crainte me saisit : cette parure n'était pas la tienne. Le navire se rapproche et, porté par un souffle rapide, il touche terre. Je vois alors, le cœur tremblant, un visage de femme. Ce n'était pas assez ; pourquoi aussi, insensée, demeurais-je en ces lieux ? Ton infâme maîtresse se pressait contre ton sein. Alors je déchire ma robe, je me frappe la poitrine, et de mes ongles pointus je déchire mes joues humides, et je remplis de mes hurlements plaintifs le mont sacré d'Ida. De là je transporte ces larmes sur mes rochers. Qu'ainsi pleure Hélène, abandonnée de son époux, et qu'elle éprouve elle-même le chagrin qu'elle me causa la première.

Celles qui te conviennent maintenant, ce sont les femmes qui te suivent à travers les mers sans limite, et désertent la couche légitime. Mais lorsque tu étais pauvre et que tu menais les troupeaux, Énone était l'unique épouse dans ta pauvreté. Je n'admire pas tes richesses, ce n'est pas ton palais qui me touche, ni d'être appelée l'une des brus si nombreuses de Priam. Non pourtant que Priam se refuse à être le beau-père d'une Nymphe, ou que sa bru doive faire rougir Hécube. Je suis digne d'être l'épouse d'un roi, et je le désire : j'ai des mains capables de porter le sceptre. Et, parce que j'étais étendue avec toi sur les frondaisons du hêtre, ne me méprise pas : une couche de pourpre me conviendrait mieux.

Enfin, mon amour est pour toi sans périls : aucune guerre ne te menace; l'onde n'apporte pas de vaisseaux vengeurs. La fille fugitive de Tyndare est redemandée par des ennemis en armes : voilà la dot qu'elle est fière d'apporter sur ta couche. Doit-elle être rendue aux Grecs ? consulte ton frère Hector, ou Déiphobe et Polydamas. Demande au grave Anténor et à Priam lui-même ce qu'ils en pensent : leur grand âge leur sert d'expérience. C'est un triste début, de préférer à sa patrie une femme ravie. Ta cause est honteuse; l'époux prend les armes à bon droit. Et ne te promets pas, si tu es sage, la fidélité de cette Lacédémonienne, qui s'est jetée dans tes bras si promptement. Comme le plus jeune des Atrides crie au mépris du lit conjugal, et d'avoir été la victime d'un amour étranger, tu crieras, toi aussi. La perte de l'honneur est un mal irrémédiable : une fois suffit pour le perdre. Elle brûle d'amour pour toi : ainsi elle aima Ménélas; et maintenant le crédule époux gît seul sur sa couche déserte. Heureuse Andromaque, d'être dûment unie à un époux! Tu devais, à l'exemple de ton frère, me prendre pour ta femme. Mais tu es plus léger que la feuille, alors que, n'étant plus chargée de sève, elle voltige, desséchée, au gré des vents inconstants; et tu as moins de poids que la pointe des frêles épis qui se dessèchent aux ardeurs journalières du soleil.

Ta sœur, il m'en souvient, prophétisait jadis; voici l'oracle, que, la chevelure en désordre, elle prononça contre moi : « Que fais-tu, Énone? pourquoi semer sur le sable? Tes bœufs labourent inutilement les rivages. Voici venir une génisse grecque qui vous perdra, toi, ta patrie et ta maison (ah! vous en préserve le ciel!), voici venir une génisse de la Grèce. Tandis qu'il en est temps encore, dieux, engloutissez dans les flots cette poupe impure! Hélas! que de sang phrygien elle porte! » Elle dit. Ses femmes l'enlèvent au cours de son transport; mes blonds cheveux se sont hérissés. Ah! prophétesse, ta prédiction n'a été pour moi que trop véridique! voilà que cette génisse s'empare de mes pâturages.

Qu'elle soit remarquable de figure, elle est certainement adultère. Ravie par un hôte, elle a abandonné les dieux familiaux. Thésée, si je ne me trompe de nom, je ne sais quel Thésée, l'avait auparavant emmenée de sa patrie. Il était jeune et amoureux : croit-on qu'il l'ait rendue vierge ? Où ai-je si bien appris cela, tu le demandes? J'aime. Appelle cela violence, si tu veux, et voile la faute sous ce nom ; celle qui tant de fois a été ravie, s'est prêtée au rapt. Mais Énone se conserve pure à un époux infidèle, et cependant tu pouvais être trahi d'après ton exemple.

De rapides Satyres, troupe audacieuse (j'étais cachée dans les réduits des forêts) me cherchèrent d'un pied rapide, ainsi que Faune, au front cornu, ceint de pins aigus, sur les cimes où se dresse l'Ida. Le dieu de la lyre, fondateur de Troie, m'aima. Il a une dépouille de ma virginité, mais non sans lutte : de mes ongles je lui arrachai les cheveux, et sa figure porte les traces de mes doigts. Et, pour prix de cette violence, je ne demandai ni or ni pierreries : il est honteux de payer la rançon d'un corps impollué. Lui-même me trouva digne de lui ; il me confia la science des médicaments, et employa mes mains à ses dons. Toute herbe secourable, toute racine utile à l'art de guérir à travers le monde entier m'est connue. Malheureuse ! que les simples ne puissent être un remède à l'amour ! Habile dans cet art, je suis abandonnée par mon art. L'inventeur même des remèdes a mené paître, dit-on, les génisses du roi de Phère, et fut blessé de mes feux. L'assistance que n'ont pu me procurer ni un dieu ni la terre féconde en plantes, tu peux me la donner. Oui, tu le peux, et je le mérite. Écoute une jeune fille qui le mérite : je n'apporte pas avec les Grecs une guerre sanglante ; mais je suis à toi ; avec toi j'ai été dès mes jeunes années, et je désire t'appartenir le reste de mes jours.

ÉPITRE SEPTIÈME

RÉPONSE DE PARIS A ÉNONE

O Nymphe, quelle réponse puis-je opposer à tes justes plaintes ? Ma main cherche les mots, et n'en trouve pas, je l'avoue : elle ne sent que mon crime ; un autre amour m'empêche d'écrire ce que je ressens. Quand il n'exciterait pas ta colère, je serais coupable, à mon propre jugement. Qu'importe ? l'argument le meilleur te fait défaut. Tu me condamnes, et c'est l'Amour qui me retient sous ses lois ; car je suis la proie d'une nouvelle passion. Tu es la première qui se soit unie à moi, et mon cœur neuf se plaît à reconnaître qu'il t'accepta pour son premier amour. Je n'étais pas puissant encore. Mon père, dont tu m'accuses de m'enorgueillir, voulait m'associer à son empire. Je ne pensais pas, en vérité, que j'aurais pour frère Déiphobe ou Hector, lorsque, berger, je ramenais, en ta compagnie, les troupeaux des pâturages ; je connaissais Hécube sous le nom de reine plutôt que sous celui de mère, et tu méritais de rester sa belle-fille.

Mais l'amour ne raisonne pas. Interroge-toi, ô Nymphe : tu as été trahie, et trahie, tu m'écris que tu m'aimes encore; les Satyres et les Faunes te demandent en mariage, et pourtant tu te souviens de ma flamme dédaigneuse. Joins que les destins favorisent mon nouvel amour et que ma sœur, qui prévoit l'avenir, l'avait entrevu. Le nom de la fille de Tyndare n'était pas encore parvenu à mes oreilles, et déjà elle avait prédit qu'Hélène n'épouserait pas un Grec.

Tu vois la vérité entière : il ne me reste que la blessure, et je suis réduit à réclamer de toi sa guérison. Tu es l'arbitre et de ma vie et de ma mort; prends un cœur qui désormais vivra pour toi. Tu pleuras, je m'en souviens, à la voix de la prophétesse : « Loin de moi ce malheur ! disais-tu, en suppliant, et, si les destins s'y refusent, qu'ils me ravissent tout, mais n'enlèvent point Pâris à Énone ! » L'Amour qui me pousse à affronter les reproches et à te trahir, pardonne-moi ! il se joue aussi de toi. Il commande aux dieux; à son gré, il donna à Jupiter les cornes du Taureau; à son gré, il lui donna des ailes. Il n'y aurait pas sur terre, à tant admirer la beauté de la Tyntaride, de la jeune fille, née, hélas ! pour m'enflammer, si Jupiter ne s'était changé en cygne. Déjà, il était descendu en pluie d'or sur le sein de Danaé; il avait parcouru sous la forme d'un oiseau l'Ida chargé de pins, et s'était arrêté parmi les génisses du fils d'Agénor. Qui eût pensé que le victorieux Alcide tiendrait la quenouille de sa maîtresse? Or l'Amour le contraignit à filer la laine. On dit même qu'il revêtit les habits de son amante, tandis qu'elle s'enroulait dans peau du lion de Némée.

Je me rappelle, Énone, et le confesse à ma honte, que tu as refusé Apollon et préféré ma couche à la sienne. Je n'étais pas plus beau que Phébus; mais l'Amour, en t'envoyant ses traits, n'a consulté que son caprice. Console-toi, pourtant, d'avoir eu une rivale digne de toi : celle que je t'ai préférée est fille de Jupiter. Mais ce qui me touche le moins en elle ce n'est pas d'être issue de Jupiter, et ce qui lui nuit, c'est de ne le céder à aucune par la beauté. Que n'ai-je été regardé, ô Naïade, sur la cime de l'Ida, comme un mauvais juge de la beauté ! je n'encourrais pas la colère de Junon et de Pallas, pour avoir reposé complaisamment mes yeux sur la déesse de Cythère. Celle-ci allume, à son gré, chez les autres des ardeurs rapides et mutuelles, et tempère elle-même les feux de son fils. Cependant elle n'a pas pu échapper à ses propres traits : cruellement elle a été percée des flèches qu'elle lançait aux autres. Son époux eut la douleur de la surprendre avec Mars, et les dieux furent témoins des plaintes qu'il en adressa à Jupiter. Mais déjà Mars indigné abandonne la terre, et Vénus demeure, lui préférant Anchise; pour Anchise elle veut être belle, et ainsi fut vengée l'injure faite aux deux autres déesses. Quoi d'étonnant que Pâris ait succombé à un amour auquel Vénus elle-même n'a pu se dérober? J'ai aimé librement celle que Ménélas aima librement; joins qu'elle-même a suivi un homme libre.

Mais, je le vois, ce rapt m'attirera une guerre grave, et déjà mille vaisseaux se dirigent sur Pergame. Je ne nie point qu'il faille approuver les raisons de cette guerre. La beauté de la femme est digne d'armer le bras des rois. Si tu ne me crois pas, regarde les Atrides sous les armes. Mais de même qu'ils la réclament de moi, de même je saurai la défendre.

Si tu as l'espoir de pouvoir changer son esprit, pourquoi n'as-tu pas recours à tes philtres et à tes enchantements, puisque personne n'est plus habile que toi dans l'art d'Apollon et que tu interprètes les songes d'Hécate? Avec toi j'ai obscurci les astres, avec toi je me souviens d'avoir caché la lune sous des nuages. Je paisais mes taureaux, et au milieu de mes bêtes j'eus la surprise de voir, à ton appel, les lions se promener subjugués. Parlerai-je du Xanthe et du Simoïs que ta voix détourna de leurs cours? Ton père même, incapable de résister à ton art, ne s'arrêta-t-il pas au milieu des ondes enchantées? Énone, c'est aujourd'hui ton tour; déploie maintenant ton art : essaye de dissiper tes feux ou les miens!

ÉPITRE HUITIÈME

PHÈDRE A HIPPOLYTE

Quelle que soit ma lettre, prends en connaissance : quel mal peut t'en faire la lecture ? Peut-être même y trouveras-tu de quoi te réjouir. Par ces signes, on transmet les secrets sur terre et sur mer ; l'ennemi examine la lettre que lui envoie un ennemi. Trois fois je tentai de te parler, trois fois ma langue resta clouée à mon palais, trois fois le son expira sur mes lèvres. Autant qu'il est permis et possible, il faut mêler la pudeur à l'amour ; ce que j'avais honte de dire, l'Amour me poussa à l'écrire. Ce que commande l'Amour, il n'est pas sans danger de le mépriser : il règne, et son empire s'étend sur les dieux souverains. Tandis que j'hésitais à écrire, il me dit : « Écris ; le cruel rendra les armes. » Qu'il me soit en aide, et, de même qu'il fait circuler du feu dans ma moelle, que de même il dispose ton cœur à exaucer mes vœux.

Ce n'est pas moi qui romprai, par des infidélités, la foi que nous nous sommes jurée : ma réputation (tu peux t'en informer) est libre de reproche. L'amour m'est venu avec d'autant plus de force qu'il était plus tardif : je brûle intérieurement, je brûle, et une plaie secrète ronge ma poitrine. Comme le premier joug blesse les jeunes taureaux, et que le cheval tiré du troupeau supporte à peine le frein, ainsi un cœur novice subit de mauvaise grâce et avec peine les premières amours, et ce fardeau ne peut trouver une place convenable au fond de mon âme. La faute que nous apprenons dans l'âge tendre finit par devenir un art ; la femme qui aime dans un âge avancé, le fait avec moins d'adresse. Tu auras les prémices d'un honneur conservé intact, et nous deviendrons coupables tous deux à la fois. C'est quelque chose de cueillir à pleines mains les fruits du verger, et d'un doigt délicat détacher la première rose. Si toutefois cette première pureté, qui signala ma conduite sans reproche, devait être souillée d'une tache insolite, il est heureux que je brûle d'un feu digne de moi : je n'ai pas fait un choix honteux, pire que l'adultère. Si Junon me cédait son père et son époux, il me semble que je préférerais Hippolyte à Jupiter.

Déjà même, tu le croiras à peine ! je me lance dans des arts inconnus : je suis impatiente d'aller parmi les bêtes farouches. Déjà ma première divinité est Délie que décore un arc recourbé : je me conforme à ton goût. Je veux aller dans les forêts, jeter le cerf dans les rets, pousser sur la cime des monts les chiens agiles, ou de mon bras tendu brandir le javelot tremblant, ou reposer mon corps sur la terre gazonnée. Souvent je me plais à conduire un char léger dans la poussière et à maîtriser avec le mors la bouche du coursier docile. Tantôt je m'élance, comme les Bacchantes en proie aux fureurs de Bacchus, et celles qui, sur le mont Ida, agitent des tambourins, ou celles que les Dryades, ces demi-déesses, et les Faunes à la double corne, transportèrent au gré de leur volonté. Car on me rapporte tout, lorsque se calme mon transport : dans le silence je brûle d'un amour conscient.

Peut-être faut-il attribuer cet amour au destin de ma race, et Vénus réclame-t-elle ce tribut à toute ma famille. Jupiter (c'est la première origine de ma race) aima Europe, un taureau dissimulant le dieu. Pasiphaé, ma mère, livrée à un taureau abusé, déchargea son ventre de son crime et de son fardeau. Le fils perfide d'Égée, suivant un fil indicateur, sortit, par l'assistance de ma sœur, du tortueux labyrinthe. Voici que moi-même, afin de bien passer pour la fille de Minos, je me conforme la dernière aux lois générales de ma race. Cela aussi est fatal : une seule maison a plu à deux femmes ; ta beauté m'a séduite, ton père a séduit ma sœur. Thésée et le fils de Thésée ont ravi les deux sœurs : élevez deux trophées aux dépens de notre maison.

Au temps où vous entriez à Eleusis, ville de Cérès, j'aurais voulu que la terre de Gnosse me retînt. Alors surtout, et auparavant aussi, tu me plaisais.

Un amour fougueux se fixa à la moelle de mes os. Tu étais habillé de blanc, des fleurs ceignaient ta chevelure, une rougeur pudique colorait ta face hâlée, et cet air que les autres femmes appellent dur et farouche, au jugement de Phèdre, était mâle et non farouche. Loin de nous ces jeunes homme parés comme une femme : une beauté virile tient à se faire valoir par des ajustements sans apprêts. Cette sévérité qui est la tienne, et ces cheveux flottant sans art, et cette poussière légère répandue sur ton noble front te siéent à merveille. Soit que tu infléchisses le cou rebelle d'un fougueux coursier, j'admire tes pieds arrondis en un cercle étroit ; soit que tu brandisses d'un bras valide le flexible javelot, ton bras intrépide attire sur lui mes regards ; soit que tu tiennes des épieux de cornouiller, garnis d'un large fer, quoique tu fasses enfin, mes yeux en sont charmés.

Quant à toi, dépose seulement ta rudesse dans les bois montueux : je ne mérite pas de périr par ta main. A quoi bon te livrer aux exercices de Diane ceinturée, et à Vénus ravir ses droits ! Ce qui n'est pas coupé de repos, n'est pas durable : le repos répare les forces et délasse les membres fatigués. Il te faut imiter l'arc et les armes de ta Diane : si jamais tu ne cesses de le tendre, il sera lâche. Céphale était célèbre dans les bois, et sur l'herbe tombèrent sous ses coups beaucoup de bêtes sauvages ; et cependant il n'eut pas tort de se prêter à l'amour de l'Aurore : la sage déesse quittait pour le voir son vieil époux. Souvent, sous les yeuses, Vénus et le fils de Cynira s'étendirent côte à côte au hasard du gazon. Le fils d'Enius brûla de même pour Atalante du mont Ménale : celle-ci a, pour gage d'amour, la dépouille d'une bête fauve.

Et nous aussi, pour la première fois, soyons comptés dans ce nombre : si tu bannis Vénus, ta forêt est sauvage. Moi-même je te servirai de compagne, et ni les roches caverneuses ne me feront peur, ni les défenses obliques du sanglier redoutable. De leurs vagues, deux mers assiègent l'Isthme, et une mince bande de terre entend le double flot : c'est là qu'avec toi j'habiterai Trézène, royaume de Pitthée, qui déjà m'est plus cher que ma patrie.

A propos, il est absent, et il sera absent longtemps, le héros, fils de Neptune : c'est le pays de son cher Pirithoüs, qui le retient. Thésée, à moins de nier l'évidence, a préféré Pirithoüs à Phèdre, et Pirithoüs à toi-même. Et ce n'est pas le seul affront qui nous vienne de lui : nous fûmes blessés tous deux dans des objets bien chers. D'une massue à trois nœuds il a brisé les os de mon frère et les a semés sur le sol ; ma sœur a été abandonnée en proie aux bêtes sauvages. C'est par la plus courageuse des filles porteuses de hache que tu fus enfanté, et la mère était digne du fils par la vaillance. Si tu demandes où elle est : de son glaive Thésée lui a percé le flanc ; un tel gage n'a pu sauver une mère ! Bien mieux, elle ne fut pas épousée ; pour elle on n'alluma pas le flambeau conjugal. Pourquoi, sinon pour que, né bâtard, tu ne montasses pas sur le trône paternel ? Il t'associa tes frères issus de moi : et la cause de leur adoption, ce fut lui, et non moi. Oh ! que n'ont-elles été déchirées, au milieu des efforts de l'enfantement, ces entrailles qui devaient te nuire, le plus beau des hommes ! Va, maintenant, révère la couche que ce père méritant fuit et abdique par ses actes.

Et parce que c'est en belle-mère, semble-t-il, que je dois recevoir dans mes bras un beau-fils, ton esprit sera-t-il troublé par de vains mots? Ce scrupule suranné, qui devait s'évanouir à l'âge suivant, appartenait au règne rustique de Saturne. Jupiter a légitimé tout ce qui plaît, et le mariage de la sœur avec le frère rend tout licite. Le baiser est une chaîne indissoluble de parenté, lorsque Vénus elle-même en a serré les nœuds. C'est chose facile ; le secret en est aisé. Emprunte ton excuse à la parenté : la faute pourra se couvrir du nom familial. Que quelqu'un surprenne nos baisers : nous en serons loués tous deux ; on dira que la belle-mère est attachée au beau-fils. Tu n'auras pas à te faire ouvrir, dans les ténèbres, la porte d'un mari grossier, ni à tromper un gardien. Une seule maison nous a abrités ; une seule maison nous abritera. Tu me donnais des baisers ouvertement ; tu me donneras des baisers ouvertement. Avec moi tu seras en sûreté, et ta faute te méritera des éloges, lors même que tu serais vu dans mon lit. Abrège seulement tes retards, et hâte-toi de conclure notre alliance, et qu'ainsi l'Amour, qui m'est cruel maintenant, soit indulgent à ton égard.

Non, je ne dédaigne pas de prier en humble suppliante. Hélas! où sont maintenant mon orgueil et mes fières paroles? A vau-l'eau. J'étais certaine de combattre longtemps et de ne pas succomber à ma passion : qu'a donc de certain l'Amour! Je t'implore vaincue, et tends à tes genoux mes bras royaux. Aucun amant ne voit ce qui est décent. Je ne rougis plus, en fuyant la Pudeur a abandonné ses étendards. Pardonne à mon aveu, et dompte ton cœur barbare. A quoi me sert d'avoir pour père Minos qui domine les mers? que la foudre sinueuse parte de la main de mon aïeul? que mon grand-père, le front armé de rayons ardents, conduise le jour en feu sur son char vermeil. La noblesse gît sous l'amour. Aie pitié de mes ancêtres, et, si tu ne veux pas m'épargner, épargne les miens. J'ai pour dot une terre, une île de Jupiter, la Crète. Que toute ma cour soit asservie à mon Hippolyte.

Dompte ton âme inflexible. Ma mère a pu séduire un taureau : seras-tu plus cruel qu'un farouche taureau? Par Vénus qui peut tout sur moi, je t'en conjure, épargne-moi : puisses-tu ainsi ne jamais aimer une femme qui te dédaigne! être protégé par la déesse agile dans la retraite de ses forêts! puissent les bois profonds offrir des fauves à tes coups, les Satyres et les Pans, divinités des montagnes, te favoriser, et le sanglier tomber percé du dard de ta lance; puissent les Nymphes, bien que tu passes pour haïr ces jeunes vierges, apaiser ta soif brûlante avec une onde fraîche ! A mes prières j'ajoute encore des larmes. Tu lis jusqu'au bout mes paroles suppliantes ; mais les larmes, figure-toi les voir.

TABLE

2942. — Tours, imprimerie E. ARRAULT et Cie.

www.ingramcontent.com/pod-product-compliance
Ingram Content Group UK Ltd.
Pitfield, Milton Keynes, MK11 3LW, UK
UKHW022057260726
13993UKWH00001B/175